Manager d'équipe

Le tableau de bord facile

Éditions d'Organisation
1, rue Thénard
75240 PARIS Cedex 05
Consultez notre site :
www.editions-organisation.com

ISBN 978-2-7081-3165-1

Daniel Boix
Bernard Feminier

Manager d'équipe

Le tableau de bord facile

Deuxième édition
Nouvelle présentation

Éditions
d'Organisation

SOMMAIRE

CHAPITRE 1 –
LE TABLEAU DE BORD : UN DISPOSITIF DE MANAGEMENT

CHAPITRE 2 –
LE TABLEAU DE BORD : UN PROJET DE SERVICE

CHAPITRE 3 –
UNE MÉTHODE POUR CONCEVOIR SON TABLEAU DE BORD

CHAPITRE 4 – LES OUTILS POUR ÉLABORER SON TABLEAU DE BORD

Chapitre 1

Le tableau de bord : un dispositif de management

Fiche N°1 – Définition du tableau de bord

Objet : proposer et valider une définition de la notion de tableau de bord

Problématique

Le « tableau de bord » reste encore aujourd'hui une abstraction pour nombre d'acteurs d'entreprise. Outil mal connu, trop souvent réduit à des notions financières, centré sur la rentabilité et donc peu parlant pour l'action quotidienne, le tableau de bord n'est pas un outil courant chez tous les managers.

Comment faire du tableau de bord un **dispositif dynamique**, en prise directe avec la réalité du décideur et des collaborateurs qui l'entourent ?

Idées clés :

Le tableau de bord est un...

OUTIL	➜ *Utilité – Action*
destiné au RESPONSABLE	➜ *Personnalisé – Mission – Objectif*
pour lui permettre	
grâce à des INDICATEURS	➜ *Nature – Pertinence – Nombre*
présentés de manière SYNTHÉTIQUE	➜ *Forme – Fond – Lisibilité*
de CONTRÔLER le fonctionnement	➜ *To control : maîtriser*
de son SYSTÈME	➜ *Évolution – Opportunités – Menaces*
en analysant les ÉCARTS significatifs	➜ *Objectifs – Seuil d'alerte – Intuition*
afin de PRÉVOIR,	➜ *Futur – Tendance – Intuition*
et de DÉCIDER,	➜ *Choisir – Options – Négocier*
pour AGIR	➜ *Animer – Plan d'action*

■ Un tableau de bord est un outil de **pilotage** à la disposition d'un responsable et de son équipe, pour prendre des décisions et agir en vue de l'atteinte d'un but qui concourt à la réalisation d'objectifs stratégiques. Il est composé d'un **support d'information** et de la **documentation** qui permet de l'exploiter.

■ Le tableau de bord est pour le responsable un outil **d'aide au management** en trois dimensions, pour :

- **Piloter** : le tableau de bord est un instrument d'aide à la réflexion. Il permet d'avoir une approche globale d'un système, dans la mesure où il en est une représentation réduite (un service, une direction…). Le responsable peut ainsi mieux définir les actions indispensables pour atteindre les *objectifs* qui lui sont assignés.

Voir fiche 10, p. 36

- **Animer** : la mise en place d'un tableau de bord est une excellente occasion pour développer une réflexion **collective** entre les différents acteurs d'un même service ou d'une direction. À travers la *démarche de conception* de l'outil, et surtout lors de l'*utilisation des informations*, le responsable redonne du sens à l'action et rétablit l'articulation entre les *niveaux stratégique* et *opérationnel*.

Voir fiche 13, p. 46
Voir fiche 47, p. 161
Voir fiche 4, p. 12

- **Organiser** : par son effet miroir, le tableau de bord est un reflet du niveau de performance d'un service. Les indicateurs alertent le responsable sur les domaines problématiques. Il peut alors réfléchir sur les leviers d'action qui vont permettre d'atteindre les objectifs alloués, en recherchant la meilleure combinaison des *ressources techniques* et *humaines*.

Voir fiche 5, p. 16

Le tableau de bord est :

■ Un outil d'aide à la **réflexion** : c'est un support d'information nécessaire pour prendre des décisions qui vont orienter l'action. Il ne dit pas comment agir mais incite à se poser les bonnes ***questions*** dans une dynamique de diagnostic.

Voir fiche 64, p. 233

■ Un outil qui offre la capacité de se **distancier** des événements vécus de manière réactionnelle (« que faut-il faire ? »). Il développe au contraire une **compréhension** plus globale du fonctionnement du système (« que se passe-t-il ? »), notamment par la capacité à **mettre en relation** des composantes individuelles (ex. : « *l'augmentation des flux de demandes sur les nouvelles prestations, alliée à une trop grande spécialisation des compétences, entraîne un engorgement des services qui se traduit par une augmentation du stock d'encours* »).

Le tableau de bord n'est pas :

- Un outil de **sanction** : le tableau de bord ne doit pas être un instrument répressif au service du management. Les dimensions de dialogue et de partage des réflexions constituent le socle incontournable de l'outil tableau de bord. Pris dans un sens répressif, le tableau de bord ouvre la voie à des pratiques perverses (contestations, « bidouillages » ...) qui laisseront des traces indélébiles !...
- Un outil **figé** : une entreprise, une direction, un service, sont des *systèmes* ouverts et vivants ; le tableau de bord doit donc pouvoir évoluer. La pertinence des indicateurs et des informations induites est intimement liée au contexte. Il n'est donc pas question de concevoir un tableau de bord stable jusqu'à la retraite de son concepteur ! Il faut au contraire veiller aux phénomènes d'évolution, pour évaluer la nécessité *d'adapter* le tableau de bord aux conditions du nouvel environnement.

Voir fiche 5, p. 16

Voir fiche 45, p. 151

- Un outil **neutre** : le tableau de bord est une représentation réduite d'un niveau de réalité perçu par son concepteur. Les indicateurs reflètent les *choix* du responsable, en fonction de ses domaines et degrés de préoccupations à un instant donné, mais aussi de sa personnalité. Il ne peut y avoir de tableau de bord totalement rationnel !

Voir fiches 62, p. 221 et 63, p. 227

FICHE N°2 – LA NÉCESSITÉ D'UN TABLEAU DE BORD

Objet : replacer le tableau de bord dans la problématique de pilotage/décision

Problématique

Peut-on se passer d'un tableau de bord ? Nombre de responsables seraient tentés de répondre « oui ! ». Toutefois, nos interventions en entreprise, notamment sur les problématiques organisationnelles, mettent en évidence un manque d'outillage et de réflexion en matière de détection et de traitement des dysfonctionnements.

En quoi le tableau de bord constitue-t-il un dispositif nécessaire pour mieux piloter son service ?

Idées clés

✓ Le responsable a besoin de repères : le tableau de bord est pour lui ce qu'une boussole est pour le navigateur.

✓ Le tableau de bord ne traite pas du « comment ? » ni du « pourquoi ? » : il est un reflet de ce qui se passe ; c'est au responsable de donner du sens à l'information reçue.

■ Le contexte des entreprises se caractérise par la **complexité**. Cette notion se manifeste par des interactions entre des composantes externes et internes (ex. : une réglementation et les incidences sur les flux d'activité), qui produisent des effets sur un système (ex. : un guichet d'accueil dans un service public). Le responsable reste trop souvent « aveugle » : il ne sait pas forcément quelles composantes existent, ni celles qui sont déterminantes. Le tableau de bord permet de mieux éclairer le contexte, en rendant plus lisible la part de complexité au moyen des indicateurs.

- Le métier du responsable se caractérise quant à lui par la **réactivité**. Le responsable a pour fonction de **décider** pour **agir**, à la seule condition de **connaître**, de disposer des informations adaptées au bon moment. Élaborer un tableau de bord implique *l'étude* approfondie du système. Cela contraint le responsable à remettre en perspective la vision qu'il a de son unité, depuis l'approche stratégique jusqu'à la dimension opérationnelle.

Voir fiches 25, p. 86 et 44, p. 147

- Trois constats caractérisent les modes de management que nous avons pu rencontrer :
  - La notion de **pilotage** est peu développée : l'activité des managers est pour l'essentiel tournée vers la régulation quotidienne (très court terme), au détriment de la réflexion et de l'anticipation (moyen et long terme). Le tableau de bord permet d'avoir une vision intégrée et dynamique du fonctionnement d'une unité, dans ses *différentes dimensions*.

Voir fiche 4, p. 12

  - La notion **d'objectif** reste floue : piloter suppose qu'une direction définie et précise soit arrêtée. Il est difficile de concevoir qu'un commandant de bord d'un avion gros porteur ne localise pas de manière précise la situation de l'aérodrome ! Le tableau de bord oblige le responsable (et sa hiérarchie !) à clarifier les *objectifs* qui lui sont assignés.

Voir fiche 10, p. 36

  - La notion de **délégation de pouvoir** est limitée : le pouvoir de décision est encore trop empreint du modèle taylorien. Le pilote est responsable de la machine qui lui est confiée, même si c'est dans un cadre défini. C'est lui qui, dans un environnement donné, prend la décision qu'il considère adaptée à la situation, ce qui ne l'empêche pas de rendre des comptes à la hiérarchie. Le tableau de bord offre cette double perspective : faciliter la prise de décision par les indicateurs et dialoguer à partir de ces mêmes indicateurs.
- Le tableau de bord doit être adapté au **contexte** du responsable. Ce constat écarte l'hypothèse du tableau de bord « passe-partout ». Pour faciliter la recherche, et s'assurer de l'adéquation du tableau de bord à ses besoins, une démarche simple consiste à se poser la question : « Que se passe-t-il si je ne dispose pas de tableau de bord ? » La réponse à cette question clarifie alors les **conséquences**, généralement négatives, de l'absence de tableau de bord.

- De nombreux responsables ont des difficultés à décliner dans leur secteur d'activité les orientations stratégiques en objectifs. À nos yeux, deux causes principales expliquent ce phénomène :
  - La difficulté à **relier** des composantes qui relèvent de **deux niveaux d'appréhension** : les orientations stratégiques sont fonction du niveau global de l'entreprise ; elles sont peu précises, car relatives à des axes de travail ; les **objectifs**, quant à eux, sont par essence précis et détaillés ; ils débouchent vers les plans d'actions, c'est-à-dire le niveau opérationnel.
  - La difficulté à **traduire** des formules littéraires imprécises en termes techniques chiffrés et adaptés à leurs champs d'actions.

Voir fiche 8, p. 30

Voir fiche 9, p. 33

Voir fiche 10, p. 36

- L'*organigramme de déclinaison de la stratégie* permet de représenter les articulations existant entre les secteurs qui composent le macrosystème à partir de la notion de contribution. La réflexion sur les *missions* est à ce titre indispensable, ainsi que la définition des *objectifs*.
- La démarche consiste à partir du niveau le plus global (les orientations) et à identifier, à partir des missions, en quoi chaque secteur est concerné pour atteindre tel ou tel axe. La déclinaison en objectif peut alors être réalisée.
- Ce travail peut être réalisé sous forme visuelle en groupe de travail. Cela permet à chacun :
  - de situer ses contributions,
  - de définir ses limites d'intervention,
  - de situer son secteur d'activité en termes de priorité par rapport à l'entreprise (selon les orientations, certains secteurs sont plus concernés que d'autres),
  - de situer l'articulation entre les différents niveaux hiérarchiques concernés,
  - de valider la cohérence d'ensemble à partir d'une confrontation des points de vue,
  - de faciliter la diffusion des axes auprès des collaborateurs.

FICHE N°3 – LES CARACTÉRISTIQUES D'UN « BON » TABLEAU DE BORD

Objet : définir les aspects essentiels à retrouver dans un tableau de bord pour en faire un outil opérationnnel

Problématique

Nombre d'entreprises ont mis en place des tableaux de bord… certaines avec succès ! L'outil reste toutefois peu répandu et souffre d'une mauvaise image, la cause majeure étant, le plus souvent, l'inadéquation des tableaux de bord avec les besoins des utilisateurs.

Quelles caractéristiques doit posséder un tableau de bord pour qu'il devienne un véritable outil au service du responsable ?

Idées clés

- ✓ De la simplicité pour une meilleure réactivité : telles sont les deux caractéristiques de base du tableau de bord.
- ✓ Le tableau de bord « prêt-à-porter » n'existe pas : il doit être adapté aux besoins de son destinataire.
- ✓ Un tableau de bord est vivant : il est susceptible d'évoluer, et doit entraîner une dynamique dans la structure où il est développé.
- ✓ Préférer un outil qui donne une vision globale, avant de plonger trop rapidement dans le détail.

■ Le « bon » tableau de bord est conforme à la règle des « **3U** » :

- Il est avant tout **utile** : il permet au responsable **d'évaluer** une situation, dans la perspective de **décider** des actions à entreprendre.

- Il est ensuite **utilisable** : le responsable doit **facilement** en extraire une information exploitable, à travers un support **synthétique**.
- Il est enfin **utilisé** : à travers la dimension **d'animation**, le tableau de bord peut devenir un véritable outil au service du management d'une structure.

Voir fiche 5, p. 16
Voir fiche 4, p. 12

■ La vocation d'un tableau de bord s'inscrit dans la dynamique de **pilotage** d'un *système*, qui caractérise la finalité du métier de responsable. Le tableau de bord a pour fin d'articuler les niveaux de réflexion et d'action, de relier les *niveaux stratégique* et *opérationnel*.

Voir fiche 24, p. 84
Voir fiche 16, p. 55

■ Plus le responsable aura de facilité à **lire** son tableau de bord mieux il agira. Les modalités techniques de conception sont donc primordiales. Seule une réflexion rigoureuse sur les ***fonctions*** du tableau de bord offre la garantie d'une utilité optimale, en adéquation avec les *besoins et attentes* du responsable.

■ La **simplicité** est un critère de choix des indicateurs : trop compliqué, l'indicateur présente le risque d'un « coût » d'obtention élevé (temps d'élaboration important pouvant entraîner une édition tardive, par exemple), et celui d'une interprétation délicate.

Voir fiche 53, p. 185

■ Tout comme pour un véhicule ou pour une machine, les informations doivent être aisées à lire et directement interprétables. Le mode de **formalisation** est fondamental : la *présentation* de l'indicateur détermine la **réceptivité** de l'utilisateur.

■ Enfin, il est capital de pouvoir mettre en **résonance** l'unité et son environnement. Le tableau de bord doit donc être **évolutif**. Les différentes natures d'indicateurs sont à cet égard déterminantes : il s'agit de bien doser la part d'indicateurs **structurels** et celle des indicateurs **conjoncturels**.

■ En résumé, le tableau de bord est un outil vivant s'il intègre les trois dimensions suivantes :

- support de **réflexion** : la fonction d'alerte du tableau de bord amène le responsable à se questionner pour mieux comprendre le système qu'il gère ;

- support de **décision** : le responsable dispose d'informations pour définir les adaptations souhaitables, et mobilise les ressources afin de les réaliser ;
- support **d'action** : le responsable est en mesure de déclencher et de mener un projet d'adaptation (développement, renforcement, rattrapage), en impliquant activement son équipe.

FICHE N°4 – PILOTAGE ET MANAGEMENT

Objet : situer le tableau de bord dans l'articulation des niveaux stratégique et opérationnel

Problématique

Une majorité de responsables se focalisent sur la dimension de leur unité en termes de production. Cela explique l'importance des indicateurs volumétriques (« nombre de… »). C'est généralement symptomatique d'une difficulté à prendre en compte la dimension de pilotage.

Comment intégrer la dimension de pilotage dans sa mission de responsable, et en quoi le tableau de bord s'inscrit-il dans cette approche ?

Idées clés

✓ Le métier de responsable consiste à articuler les niveaux stratégique et opérationnel.

✓ Le tableau de bord permet de savoir où l'on se situe par rapport à l'atteinte de l'objectif. Au responsable de réagir de manière adaptée compte tenu du contexte !

✓ Vérifier la cohérence entre les dimensions de court terme et de long terme, cela revient à s'assurer qu'elle est effective entre les plans d'action et les orientations stratégiques.

■ La notion de pilotage est une des compétences majeures du **métier** de responsable. Elle désigne la capacité à articuler la réflexion et l'action en les replaçant sur différents registres temporels (le passé, le présent, le futur, les court, moyen et long termes).

- La mise en œuvre d'un tableau de bord comme outil de pilotage suppose que l'on distingue les notions de :

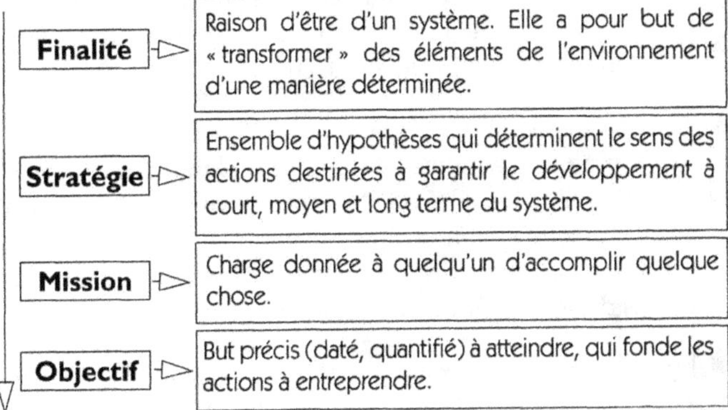

- Piloter consiste avant toute chose à définir **le chemin le plus adapté** pour atteindre une direction, un objectif. La métaphore du pilotage d'un véhicule ou d'un bateau est particulièrement bien adaptée (même si elle est couramment utilisée !). À partir d'un objectif précis, défini à l'avance, et compte tenu d'un point de départ, le pilote choisit le chemin le plus apte à mener son équipage à destination. Des aléas peuvent toutefois apparaître en cours de route : c'est au pilote qu'il revient de réagir à bon escient… sans perdre de vue son objectif (cf. schéma page 15).
- Le pilote doit avant tout connaître sa **destination** : c'est l'objet de la prise en compte de la stratégie de l'entreprise, et des objectifs qui lui sont fixés. La stratégie tient compte des évolutions du contexte et des impératifs de développement. Par exemple, un risque sur les marchés (évolution de contexte) pourra amener à revoir à la baisse les prévisions de ventes sur un secteur donné (orientation stratégique de développement).
- Le responsable intègre alors ces aspects pour les décliner en **orientations stratégiques** de son unité. Ce sont des axes qu'il se donne comme autant de directions à suivre (ex. : réduire les impayés pour les trois ans à venir…). Ces orientations restent globales et peuvent s'étaler sur une période de 2 à 3 ans.

- Ces orientations sont traduites en **objectifs**, précis par essence, qui s'appliquent à la période immédiate, elle-même clairement délimitée par une date de début et de fin (l'année, par exemple). Dans le cas des impayés, cela pourrait être : « ramener le taux d'impayés de 10 à 9,5 % au 31.12.N ».

- À partir de la connaissance des objectifs, le responsable et son équipe sont à même de définir un **plan d'action** adapté. Le plan d'action définit à **court terme** et de manière prévisionnelle ce qui sera fait (« quoi ? comment ? ») pour obtenir un résultat prévu : par exemple, élaborer un processus de surveillance par sondage.

- Lors de la mise en œuvre concrète du plan d'action, les aspects de **régulation** apparaissent. Ils sont liés aux situations rencontrées quotidiennement et destinés à faire en sorte que l'on produise conformément au plan de marche. *L'approche systémique* permet de mieux cerner ces aspects. À titre d'exemple, une augmentation de flux de dossiers peut faire apparaître des inadaptations du système de contrôle, faisant ainsi peser un risque sur la qualité de ces dossiers.

Voir fiche 5, p. 16

- Le **point d'avancement**, de type moyen terme (par exemple, tous les mois, les trimestres), a pour but de valider l'avancement des résultats par rapport aux objectifs.

- Le **diagnostic**, réalisé sur des tendances plus longues (entre un et deux ans), a pour fin de mener une réflexion approfondie sur les dimensions de fonctionnement et d'évolution. Il alimente la réflexion sur les orientations, permettant ainsi de boucler la totalité du processus.

- Le tableau de bord trouve sa place dans la **relation** entre les différents niveaux : régulation, point d'avancement, diagnostic. À travers l'analyse des écarts, et compte tenu des seuils d'alerte, le responsable a toute latitude pour intervenir… ou ne rien faire !

La dynamique de pilotage

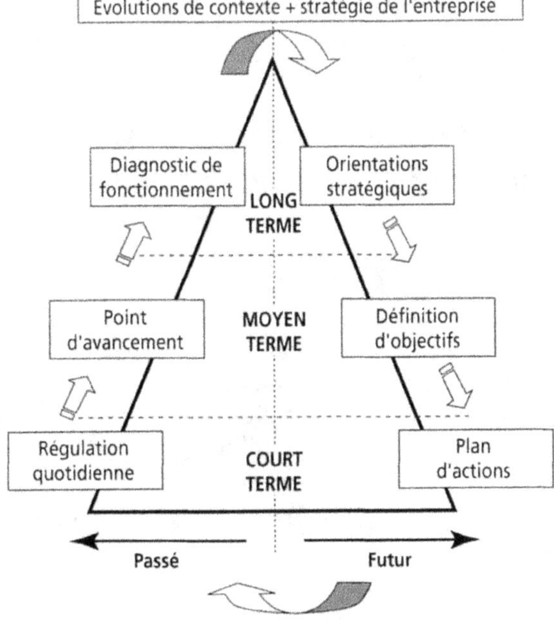

- Les indicateurs possèdent des caractéristiques (notamment la périodicité) relatives au niveau concerné. Un indicateur de long terme (ex. : pénétration d'un marché) a bien évidemment une fréquence plus longue qu'un indicateur de niveau court terme (ex. : vente d'un produit sur une zone). En adoptant cette approche, l'analyse de l'unité offre une meilleure compréhension du fonctionnement, en même temps qu'elle rétablit les niveaux de relation et d'échange entre les différentes strates hiérarchiques.

- Les principaux **obstacles** dans l'approche de pilotage, résident dans la difficulté à décliner les axes stratégiques de l'entreprise. Cet exercice – important – n'est toutefois guère familier à certains responsables. La cause en est probablement le manque de clarté et de lisibilité des orientations affichées au sein de certaines entreprises, ainsi qu'une déficience en termes de communication et de relations transversales entre les différents acteurs de l'entreprise. La *clarification des missions* est un passage obligé pour améliorer la *définition des objectifs*.

Voir fiche 9, p. 33
Voir fiche 10, p. 36

FICHE N°5 – L'UNITÉ DÉCRITE COMME UN SYSTÈME

Objet : donner une lecture dynamique d'une structure et identifier les points sensibles

Problématique

Les tableaux de bord concentrent souvent des indicateurs qui se rapportent aux notions de volume d'activité, négligeant de ce fait les autres catégories d'indicateurs. Cette situation ne se produirait pas si l'on disposait d'une grille de repérage des différentes dimensions d'une unité.

Comment intégrer les principales dimensions du fonctionnement d'une unité ?

Idées clés

✓ Le tableau de bord est un « système » d'information destiné au responsable : recourir aux principes de la systémique pour définir cet outil est donc particulièrement adapté !

✓ Il faut toujours avoir à l'esprit la question suivante : « Quelle est la finalité de mon système ? À quoi sert-il ? »

✓ Le fonctionnement d'une unité ne se réduit pas à ses seules activités ! Un système est par essence « ouvert » : la prise en compte de données issues de l'environnement externe est indispensable pour avoir un « bon » tableau de bord.

■ Un système peut être défini comme un « ensemble d'éléments en interaction, structurés en vue d'une finalité et agissant dans un environnement. »

■ La démarche systémique est un **guide** pour intégrer dans une réflexion sur le tableau de bord, les différents champs du fonctionnement d'une unité. Un système peut en effet se représenter de manière simplifiée de la manière suivante :

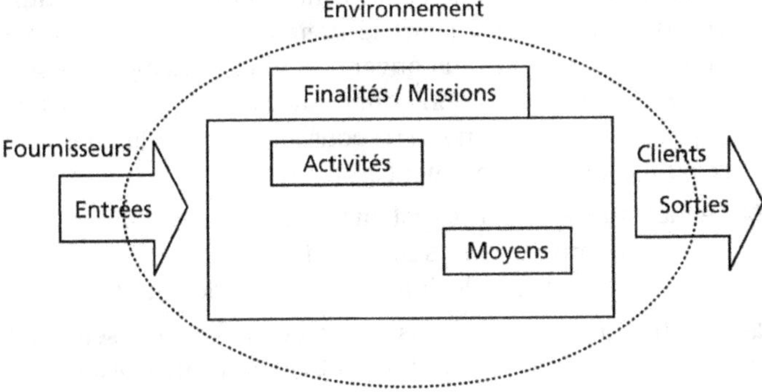

■ Le tableau de bord doit donner une **vision réduite** du fonctionnement d'une unité. Les familles d'indicateurs se rapportent donc aux différents domaines en présence :

- **la finalité** : ce qui fonde l'existence même du système (ex. : assurer une prestation de voyage à l'étranger) ;
- **l'environnement** : les composantes qui ont une influence sur le système, ou qui sont influencées par le système (ex. : normes de sécurité, climat, monnaie…) ;
- les **sorties** et le degré de satisfaction des **clients** : le résultat de la production du système, vers ses consommateurs potentiels (ex. : le degré de satisfaction d'un client au retour d'un voyage) ;
- les **entrées** et les caractéristiques des **fournisseurs** : les événements qui déclenchent le fonctionnement du système (ex. : une demande, une réservation…) ;
- les **activités** : l'ensemble des actions réalisées pour assurer la prestation conclue (ex. : réservation, visa…) ;
- les **moyens** : les ressources humaines, techniques, financières, utilisées pour réaliser les prestations (ex. : le guide, le voyagiste…).

Voir fiche 9, p. 33

- La réflexion globale doit être orientée par rapport à la *finalité* du système. Cela constitue la question fondamentale pour toute approche managériale. L'organisation du système n'est qu'une résultante pour satisfaire à cette finalité.
- Il est indispensable de privilégier l'approche par « **l'externe** » (environnement, clients, fournisseurs…) plutôt que par « l'interne ». Dans le premier cas, le responsable perçoit de manière plus ouverte le fonctionnement de son unité : les **priorités** sont donc mieux perceptibles. Dans l'approche par l'interne, le responsable risque d'être limité à ce qu'il connaît (notamment les activités).
- Le tableau de bord est également un système. La réflexion que nous proposons s'inscrit dans cette démarche, à commencer par la réflexion sur la finalité de l'outil.
- À titre d'exemple, nous proposons la représentation systémique d'une demande de subvention adressée au sous-système « Service jeunesse et sports » d'une mairie.

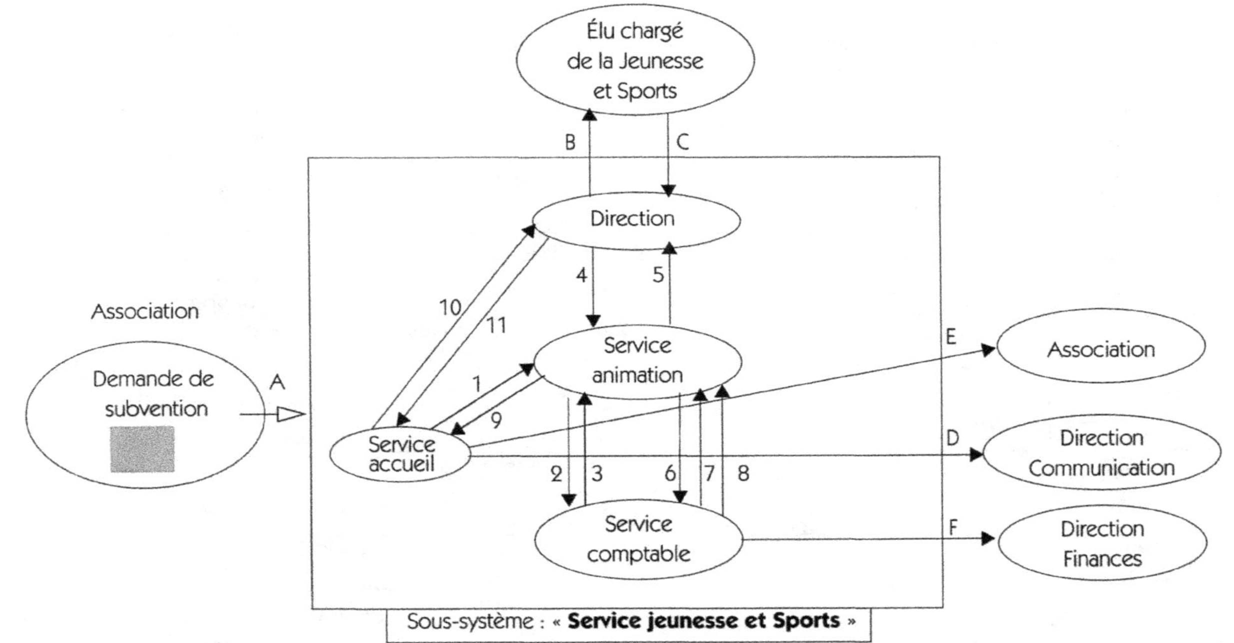
Élu chargé de la Jeunesse et Sports
B
C
Direction
4
5
10
11
Association
Service animation
Demande de subvention
A
1
9
Service accueil
E
Association
D
Direction Communication
2
3
6
7
8
Service comptable
F
Direction Finances
Sous-système : « **Service jeunesse et Sports** »

Analyse des flux

FLUX	NATURE DU FLUX	SUPPORT	REMARQUE	TYPE DE FLUX
A	Demandes de subvention	Formulaire rempli par les associations		Entrant
1	Idem	Idem		Interne
2	Demande des disponibilités	Oral		Interne
3	Réponse	État des attributions et disponibilités par destination		Interne
4	Avis au directeur	Dossier d'instruction + avis		Interne
B	Demande d'autorisation à l'élu	Fiche de synthèse		Sortant
C	Autorisation ou refus de l'élu	Fiche de synthèse avec avis de l'élu		Entrant
5	Ordre d'accorder ou de refuser	Dossier + avis		Interne
6	Ordre de procéder à un virement	Formulaire interne	Si subvention accordée	Interne
7	Accusé de réception avec informations sur le paiement	Formulaire interne	Si subvention accordée	Interne
8	Avis d'imputation	Avis d'imputation	Si subvention accordée	Interne
9	Note à la cellule accueil	Mémo interne		Interne
D	Avis pour publicité dans le journal municipal	Mémo interne	Si subvention accordée	Sortant
10	Lettre de notification non signée	Lettre		Interne
11	Lettre de notification signée	Lettre		Interne
E	Notification de la décision	Lettre		Sortant
F	Demande de mandatement à la comptabilité	Formulaire interne	Si subvention accordée	Sortant

FICHE N°6 – LES BESOINS D'INFORMATION POUR PILOTER

Objet : définir et décrire la nature des différentes informations utiles pour contrôler une structure

Problématique

Certains responsables ne ressentent pas l'utilité d'avoir des informations récurrentes pour piloter leur unité. Constat surprenant, car l'information est indispensable compte tenu des enjeux en présence. Certaines informations sont toutefois plus pertinentes que d'autres, et toutes n'ont pas leur place dans un tableau de bord.

Comment identifier la nature des différentes informations utiles au pilotage ?

Idées clés

- ✓ L'information n'est pas un but en soi : elle est au service de l'action. Le rôle du responsable ne consiste pas à élaborer de l'information, mais à lui conférer une dimension opérationnelle.
- ✓ Il faut aborder le besoin d'information en se posant la question : « Quelle information, pour qui et à quel moment ? »
- ✓ Il faut être sélectif dans l'information : trop d'information noie son destinataire et lui fait perdre de vue sa mission (atteindre un objectif).
- ✓ Les besoins ne sont pas statiques : le contexte et l'environnement évoluent : le pilote peut recourir à des informations de types différents.

- Du point de vue du gestionnaire, une information est un signe porteur d'un sens « utile » s'il peut être inséré dans un processus de décision.

- Le responsable a **besoin** d'information pour améliorer la connaissance du système qu'il gère et faire évoluer sa structure. Sans information, il ne peut accomplir sa mission qui consiste à conduire le système (l'unité, l'entreprise, le produit...) vers une destination définie par avance (et traduite en objectif).

- En matière de types d'information, le risque est double :
  - l'inadaptation par rapport aux buts poursuivis (critère de pertinence),
  - le trop grand nombre d'indicateurs suivis (critère quantitatif).

Voir fiche 4, p. 12

- La notion de *pilotage* que nous avons décrite précédemment permet de définir les besoins en termes de **fonction** de l'information et de ses **caractéristiques**, associées à son **destinataire**.

- Le besoin d'information peut être lié à la **fonction** de l'information, qui consiste à :

Voir fiche 10, p. 36
Voir fiche 7, p. 27

  - **se projeter** : il s'agit alors de prendre en compte la dimension future du fonctionnement du système. Ces besoins d'informations ont trait aux *objectifs* à atteindre, eux-mêmes en rapport avec les *orientations stratégiques*. Sans cette dimension prospective, le tableau de bord n'est pas opérationnel.

Voir fiche 33, p. 108

  - **se situer** : il s'agit dans ce cas de connaître le niveau de performance du système à un instant donné, au regard d'une situation attendue. Outre les objectifs, qui constituent le point focal, des informations complémentaires sont indispensables, notamment les *normes* et seuils de tolérances.

- Lié à la fonction de contrôle, le pilotage utilise les écarts définis par le rapprochement des dimensions « se projeter » et « se situer ». La valeur ajoutée du responsable réside dans sa capacité à évaluer les conséquences opérationnelles de ces écarts.

- Le besoin d'information peut être également défini par rapport au **champ d'intervention** de son destinataire :

  - **stratégique** : le besoin d'information porte dans ce cas sur les effets à long terme et à l'échelon " macroscopique " de la stratégie (pertinence des orientations stratégiques au regard des finalités). L'information évalue également les variations de l'environnement susceptibles de remettre en cause la stratégie (stabilité du contexte), ainsi que les variables de commande considérées comme déterminantes (pertinence des orientations stratégiques locales au vu de la stratégie globale d'entreprise).

  - **opérationnel** : le besoin d'information dépend de la capacité à agir sur les sous-systèmes. L'information est plutôt de nature analytique, centrée sur les variables qui déterminent les performances à court terme du secteur considéré. Elle doit permettre une rétro-action sur le processus de production.

	Niveaux supérieurs	**Niveaux inférieurs**
Nature de l'information	Synthétique	Analytique
Nature de la performance	Actuellement, tendance aux aspects financiers	Plutôt orientée vers les cycles de production
Types d'indicateurs	Composites	Directs

- Par intégration des aspects précédents, le besoin d'information peut également être défini selon la temporalité :

  - **court terme** : information à fréquence courte (quotidienne, hebdomadaire), en liaison avec les aspects opérationnels du système ;

  - **moyen terme** : information à fréquence intermédiaire (mois), pour valider l'avancement du système par rapport à des objectifs d'étapes ;

  - **long terme** : information à fréquence longue (trimestre, semestre, année), pour mener une réflexion sur les orientations globales.

- Enfin, le besoin d'information peut se référer à :
  - L'**efficacité** du système (« aptitude à faire ce qu'il faut ») : elle évalue le degré d'atteinte de l'objectif compte tenu des moyens affectés.
  - L'**efficience** du système (« capacité à faire bien ») : elle évalue la capacité à obtenir un résultat donné à partir de ressources minimales. Cette notion se rapproche de la productivité.

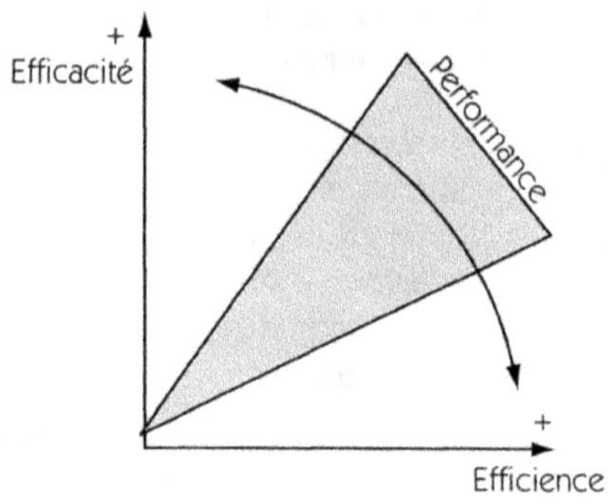

Chapitre 2

Le tableau de bord : un projet de service

Fiche n°16 : *Clarifier les besoins et les attentes d'un projet « tableau de bord »*

Fiche n°17 : *Définir les structures d'un projet « tableau de bord »*

Fiche n°18 : *Définir le plan de communication d'un projet « tableau de bord »*

Fiche n°19 : *Le synoptique du projet « tableau de bord »*

Fiche n°20 : *Clore le projet « tableau de bord »*

Fiche N°7 – La note d'orientation globale de la stratégie

Objet : décrire l'approche qu'il convient d'adopter pour élaborer une note d'orientation stratégique

Problématique

Le pilotage suppose que le responsable ait connaissance d'une direction et d'un objectif défini et précis. Très souvent, les responsables de niveau opérationnel ne sont informés que partiellement et de manière peu précise (parfois pas du tout !) des orientations stratégiques de l'entreprise dont ils servent les intérêts. Ils ne peuvent donc pas (ou avec difficultés) définir un tableau de bord cohérent.

Qu'est-ce qu'une note d'orientation stratégique ? Comment la concevoir et la rédiger ?

Idées clés

- ✓ La stratégie fonde l'action : sans stratégie, le responsable ne peut conduire sereinement les opérations qui lui sont demandées.
- ✓ Les orientations doivent véhiculer des images : elles sont porteuses de la vision des directeurs.
- ✓ Faire court : la compréhension doit être immédiate et ne nécessiter aucun commentaire.
- ✓ Quelle que soient les natures des orientations, il faut veiller à leur cohérence !

■ La note d'orientation stratégique est un document succinct qui expose la **vision** des responsables d'entreprise pour une période de type « long terme », à venir.

- Le document revêt une dimension **stratégique** dans la mesure où les orientations sont destinées à conduire le système (l'entreprise, l'unité) vers une position dominante, compte tenu de champs de forces existants ou envisagés (réglementation, concurrence, marchés...).
- Elle s'adresse en premier lieu aux acteurs **internes** à l'entreprise qui auront à conduire des actions, mais aussi aux tiers **externes** qui ont ainsi accès de façon explicite aux volontés des dirigeants et qui peuvent, s'ils le désirent, s'associer à l'entreprise par le lien capitalistique.
- Comme son nom l'indique, ce document a une portée globale. Les orientations définissent les grands axes sur lesquels les acteurs de l'entreprise vont concentrer leurs actions. Par exemple, pour France Télécom :

  Valoriser sa position de leader en France, exploiter les trois pôles de croissance que sont les mobiles, Internet et l'international, développer des services de mise en réseau : tels sont les axes majeurs de la stratégie de France Télécom dans un marché en plein essor. Leader européen et acteur mondial, France Télécom poursuit sa mutation de la « Phone » à la « Net Compagnie » (source : site Internet de France Télécom, juin 2002).
- Voici ce qui figure dans une note d'orientation stratégique :
  - les domaines concernés (internes : politique interne, social, etc. ; externes : environnement, marchés, etc.) ;
  - le positionnement souhaité (être présent, se renforcer, rattraper...) ;
  - l'avantage compétitif attendu ;
  - les natures des évolutions envisagées (structure, marque, produit...) ;
  - les cibles choisies.
- Et ce qui ne figure pas dans une note d'orientation stratégique :
  - des objectif précis,
  - des actions particulières,
  - des plans d'action.

- La rédaction d'une note d'orientation intègre les caractéristiques suivantes :
  - être formulée de manière active : verbe à l'infinitif et complément d'objet ;
  - être visuelle : la lecture des orientations se traduit par une image globale dont les contours sont clairs ;
  - être synthétique : quelques lignes suffisent à véhiculer le contenu des orientations stratégiques. La stratégie concerne le niveau global, contrairement à la tactique qui vise le niveau de détail ;
  - être ouverte : la formulation donne un cadre à l'intérieur duquel les options sont possibles ;
  - raisonner « cible » : à partir des termes utilisés, quelle représentation va s'élaborer dans l'esprit du lecteur ?
- Voici les étapes clés pour définir une stratégie :

  1 – Prendre conscience du besoin de changer
  2 – Identifier les enjeux du changement
  3 – Formaliser le besoin de changer
  4 – Élaborer des visions de substitution
  5 – Choisir la vision la plus pertinente
  6 – Formaliser la note d'orientation stratégique
  7 – Communiquer la note d'orientation

  Une fois diffusée, cette note d'orientation est ensuite déclinée par chaque secteur de l'entreprise.

FICHE N°8 – ORGANIGRAMME DE DÉCLINAISON DE LA STRATÉGIE

Objet : formaliser les liens entre la stratégie et les objectifs opérationnels

Problématique

Même si les orientations stratégiques font partie intégrante du système d'information de l'entreprise, elles ne revêtent pas une dimension opérationnelle pour les acteurs concernés, et en premier lieu les responsables. Le tableau de bord risque de singulièrement manquer d'efficacité si les liens entre l'action opérationnelle locale et les besoins de la macro-structure ne sont pas explicités.

Comment décliner les orientations stratégiques selon les différents secteurs de l'entreprise ?

Idées clés

✓ Pour être appropriées, les orientations doivent pouvoir être déclinées par les responsables des secteurs de l'entreprise en contributions.

✓ Les questions suivantes peuvent en faciliter l'approche : « En quoi mon secteur est-il concerné par cette orientation ? » ; « Comment puis-je concourir à l'atteinte de telle ou telle orientation ? »

■ L'une des difficultés couramment rencontrées par certains responsables, est la capacité à décliner les orientations stratégiques dans leur secteur d'activité.

■ L'organigramme de déclinaison de la stratégie permet de représenter les articulations existant entre les secteurs qui composent le macro système à partir de la notion de contribution. À ce titre, la réflexion sur les *missions* est indispensable, ainsi que la définition *des objectifs*.

Voir fiche 9, p. 33
Voir fiche 10, p. 36

- La démarche consiste à partir du niveau le plus global (les orientations), puis à identifier, connaissant les missions, en quoi chaque secteur est concerné par tel ou tel axe. La déclinaison en objectif peut alors être réalisée.

Tableau de déclinaison de la stratégie

Orientation stratégique *Améliorer la rentabilité globale de l'entreprise*				
Niveau d'objectif / Instance de pilotage	**Objectif stratégique niveau N**	**Objectif opérationnel niveau N – 1**	**Objectif opérationnel niveau N – 2**	**Objectif opérationnel niveau N – 3**
Usine X...	Diminuer les coûts de production de 5 % sur les 2 exercices à venir			
Service Achats	Diminuer le coût d'approvision-nement de 12%			
Acheteurs		Négocier avec les fournisseurs des baisses de prix de 5 %		
Magasin		Augmenter la rotation des stocks : le stock moyen de matière première sur un mois est inférieur à 5 jours de production		
Atelier	Améliorer le rendement de 2%			
Maintenance		Réduire les arrêts machines dus aux défaillances d'outillage à moins de 1 arrêt par semaine		

- Ce travail peut être réalisé sous forme visuelle en groupe de travail. Cela permet à chacun :
  - de situer ses contributions,
  - de définir ses limites d'intervention,
  - de situer son secteur d'activité en termes de priorité par rapport à l'entreprise (selon les orientations, certains secteurs sont plus concernés que d'autres),
  - de situer l'articulation entre les différents niveaux hiérarchiques concernés,
  - de valider la cohérence d'ensemble à partir d'une confrontation des points de vue,
  - de faciliter la diffusion des axes auprès des collaborateurs.

- Définir les objectifs facilite l'identification des actions. Pour cela, il faut veiller à prendre en compte :
  - les limites d'adaptation des structures unitaires,
  - les évolutions de compétences et de savoir-faire,
  - les technologies disponibles ou accessibles à l'unité,
  - les ressources financières,
  - les comportements probables des partenaires extérieurs.

FICHE N°9 – SE RECENTRER SUR LES MISSIONS

Objet : donner un éclairage sur le sens de l'action

Problématique

Le tableau de bord a pour fonction d'éclairer le responsable dans la conduite des actions. Encore faut-il que ces dernières aient un sens ! Combien de responsables et d'opérateurs se concentrent sur l'activité au détriment de la finalité ? Il faut donc revenir sur ces bases essentielles que constituent les missions. Préalable indispensable à sa conception, la réflexion sur le tableau de bord en offre l'occasion.

Comment définir et (re)découvrir ses missions ?

Idées clés

✓ Une mission est la charge confiée à quelqu'un d'accomplir quelque chose.
✓ La mission répond à la question : « À quoi et à qui je sers ?... ». Elle donne des repères pour l'action.
✓ Il faut veiller à ne pas confondre « mission » (notion de finalité) et « activité » (notion de procédé).
✓ Définir sa mission est un travail de partage de vision entre niveaux hiérarchiques.

■ La notion de « mission » sert de socle à la réflexion du management. Elle se fonde sur la notion de **contribution** : « En quoi l'unité considérée contribue-t-elle à l'atteinte des objectifs de la macrostructure ? ».

■ Il s'agit de ne pas confondre « *mission* » et « activité ». Une mission est un aspect particulier d'une finalité. Elle répond à la question « **Pour... quoi** ? ». Elle revêt une dimension fonctionnelle. Sans la mission, la macrostructure ne peut pas réaliser les objectifs qui lui sont assignés.

Voir fiche 22, p. 77

- L'activité, quant à elle, se rapporte à un **procédé**. Elle répond à la question « **Comment** ? ». Une activité est une traduction opératoire d'une mission (ex. : « Réaliser un test de qualité » est une activité, qui s'inscrit dans la mission consistant à « Garantir la conformité du produit aux normes exigées »).
- Clarifier sa mission implique de confronter les visions des principaux acteurs concernés (le responsable hiérarchique et son subordonné). L'objectif est de se mettre d'accord sur le cadre d'intervention et les résultats attendus.
- Les orientations stratégiques donnent des axes de réflexion et d'action. La mission se définit en cohérence avec ces orientations. Elle confère ainsi un **sens** à l'action et aux activités réalisées. Les acteurs de l'entreprise savent ainsi pour… quoi (le but) ils œuvrent.
- Cette référence aux orientations stratégiques permet également de mieux percevoir les **priorités**. Cet aspect, primordial pour les acteurs de terrain car il permet d'optimiser l'organisation des activités, est d'autant plus important en matière de tableau de bord. L'attention du responsable doit être concentrée sur les informations à caractère d'importance. La référence à ces critères de priorité sera un point d'ancrage utile lors du *choix des indicateurs*.

Voir fiche 28, p. 94

- Les missions sont par essence **évolutives**. Une modification de contexte peut générer une ré-orientation de la stratégie et se traduire par une évolution de la mission d'un système. Le tableau de bord devra donc lui-même être adapté de manière à assurer la cohérence avec les buts visés.
- G. Bateson et R. Dilts voient dans la mission l'expression d'une identité construite sur fond de cohérence entre l'environnement, les comportements, la capacité, les valeurs et les croyances d'une personne qui répond aux questions : « Quel est le sens de ma vie ? À qui, à quoi suis-je utile ? À quoi suis-je relié ? » Une personne peut trouver dans les missions professionnelles qui lui sont confiées par son entreprise un moyen de réaliser « sa » mission.
- Voici les aspects clés pour définir sa mission :
  - Comprendre en quoi l'exécution des activités à son niveau contribue à réaliser les objectifs du niveau supérieur.

- Savoir sur quels critères précis sa contribution est évaluée : quelles quantités ? quelle échéance ? quels moyens ? quel coût ? quel niveau de qualité ?…
- Savoir quels aspects de l'entreprise ne seraient pas couverts si la fonction que l'on assume n'était pas assurée.

FICHE N°10 – DÉCLINER LES MISSIONS EN OBJECTIFS

Objet : permettre de définir des objectifs une fois les missions clarifiées

Problématique

Un tableau de bord n'a de sens que si le responsable est capable de situer le résultat de son action par rapport à un objectif à atteindre. Encore faut-il connaître ces objectifs et, s'ils font défaut, être capable de s'en fixer. Force est de reconnaître que nombre de managers n'en ont pas.

Autour de quels principes les objectifs opérationnels se définissent-ils ?

Idées clés

✓ L'objectif constitue le pôle nord du manager !
✓ Un objectif doit être formulé en termes observables.
✓ Il faut s'assurer de la cohérence de l'objectif par rapport à la mission.
✓ Ne mettez pas la barre trop haut : un objectif irréaliste est une source de démotivation !

■ Un objectif se définit comme un résultat à atteindre à une date déterminée à l'avance. Il se caractérise au moyen des éléments suivants :

- Le **résultat** : il est visible ; on peut le constater.
- La **qualification** : il concerne un domaine particulier et unique ; sa nature peut être précisée.
- La **quantification** : il peut être évalué, mesuré.
- **L'échéance** : il est positionné dans le temps ; la date est connue précisément.

- **L'ambition** : il est susceptible de développer une motivation ; il représente dans une certaine mesure un défi.
- Le **réalisme** : il peut être atteint par les acteurs.

■ Un objectif est la traduction opérationnelle des orientations stratégiques. Le fait de le connaître permet d'orienter l'action dans un *contexte* donné. Il est donc cohérent avec les missions de l'unité concernée.

Voir fiche 4, p. 12

■ En l'absence d'objectif, le risque est de voir le responsable se centrer sur les activités plutôt que sur les finalités. Il perd de vue les buts et se focalise sur les moyens. Faute de repères, il est alors difficile, voire impossible, de prendre conscience des dérives, et a fortiori d'envisager toute évolution dans les modes de fonctionnement.

■ Les objectifs peuvent être de trois types :

- De **développement** : ils visent une augmentation des résultats ou une amélioration du fonctionnement.
- De **renforcement** : ils visent le maintien des résultats atteints compte tenu du contexte.
- De **rattrapage** : ils visent à combler un retard.

■ La **formulation** de l'objectif revêt une importance capitale. Elle doit être positive pour créer une dynamique chez la personne qui en est investie. L'emploi du présent intemporel permet de visualiser l'objectif et projette la personne concernée par la situation visée (ex. : les 15 entretiens d'évaluation sont totalement réalisés au 10 octobre N…). L'aspect quantitatif peut être formulé soit en valeur absolue (ex. : les ventes du produit X… ont augmenté de 100 unités), soit en variation (ex. : elles représentent une augmentation de x %).

■ Un objectif est par définition négocié. C'est à cette condition que l'on obtient la motivation nécessaire, sachant que l'objectif débouche sur l'action. Les moyens à mettre en œuvre, le contexte…, doivent être pris en compte pour que la personne en charge de l'objectif puisse faire preuve d'un véritable engagement.

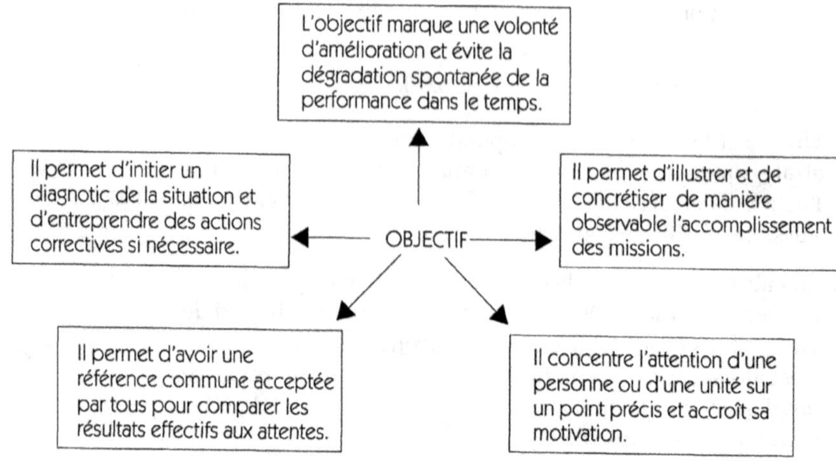
L'objectif marque une volonté d'amélioration et évite la dégradation spontanée de la performance dans le temps.
Il permet d'initier un diagnotic de la situation et d'entreprendre des actions correctives si nécessaire.
OBJECTIF
Il permet d'illustrer et de concrétiser de manière observable l'accomplissement des missions.
Il permet d'avoir une référence commune acceptée par tous pour comparer les résultats effectifs aux attentes.
Il concentre l'attention d'une personne ou d'une unité sur un point précis et accroît sa motivation.

FICHE N°11 – LE TABLEAU DE BORD PROSPECTIF BUSINESS BALANCED SCORECARD

Objet : présenter de manière succincte les principes du BBS

Problématique

Le Business Balanced Scorecard (ou BBS) est une démarche actuellement en vogue, dont nous allons ici donner un aperçu. Comme les termes de « tableau de bord prospectif » peuvent induire une confusion avec ceux de « tableau de bord », il convient d'en souligner les différences.

Quelles caractéristiques distinguent le tableau de bord prospectif et le tableau de bord opérationnel ?

Idées clés

✓ Le BBS rétablit les relations de cause à effet qui existent entre les évolutions se produisant sur 4 axes : les clients, les finances, les processus, l'apprentissage organisationnel.

✓ Le BBS est un vecteur de communication de la stratégie.

✓ *Le BBS utilise à la fois la **causalité linéaire** (tel effet est produit par telle cause) et la **rétroaction** (tel résultat déclenche telle action correctrice).*

■ La démarche BBS se fonde sur un principe fondamental de la pensée systémique : amener la partie d'une structure à se comporter comme le tout (principe d'approche systémique). En voici les buts :

- accroître la responsabilité et l'autonomie des unités,
- permettre la prise en compte des limites d'adaptabilité des unités qui fixent elles-mêmes leurs objectifs.

- Elle examine le suivi de la contribution de chaque unité au projet générique selon les 4 axes stratégiques :
  - les clients,
  - les processus,
  - les finances,
  - l'apprentissage organisationnel.
- Le principe du BBS est le suivant : à partir d'**un projet générique** ou projet d'entreprise, on élabore une **stratégie globale** et on définit des **missions** qui sont confiées aux unités. Chaque unité détermine alors sa propre **stratégie locale** (ou stratégie d'unité), pour accomplir ses missions, et se fixe des **objectifs opérationnels** qu'elle fait valider par l'échelon supérieur.
- Les stratégies locales sont des ensembles d'initiatives stratégiques qui peuvent être remises en cause si leurs effets ne sont pas conformes aux attentes, ou si des ajustements de la stratégie globale se produisent. Elles ne doivent pas être confondues avec des mesures correctives qui interviennent dans tout processus de pilotage.
- La logique des interactions entre les différents axes instaure une dynamique d'amélioration permanente des performances sur chacun d'eux.
- Le BBS distingue deux types d'indicateurs :
  - L'indicateur « avancé » : il mesure les effets des initiatives stratégiques.
  - L'indicateur « a posteriori » : il témoigne des effets de la stratégie.
- Le BBS se veut un vecteur de communication de la stratégie :
  - Il énonce le projet et la stratégie.
  - C'est un modèle qui permet à chacun de mesurer sa contribution à la performance globale.
  - Il focalise les efforts de changement car il en fait apparaître les effets.
- Bien construit, le BBS permet de reconstituer la stratégie, chaque indicateur étant un maillon d'une chaîne de causalité exprimant les orientations stratégiques de l'entreprise.

■ Le BBS utilise à la fois la **causalité linéaire** (tel effet est produit par telle cause) et la **rétroaction** (tel résultat déclenche telle action correctrice) pour piloter l'ensemble d'une entreprise. L'axe « Apprentissage organisationnel » détermine les performances futures de l'axe « Processus » qui détermine à son tour les performances de l'axe « Clients » dont dépendent les performances mesurées sur l'axe « Finances ».

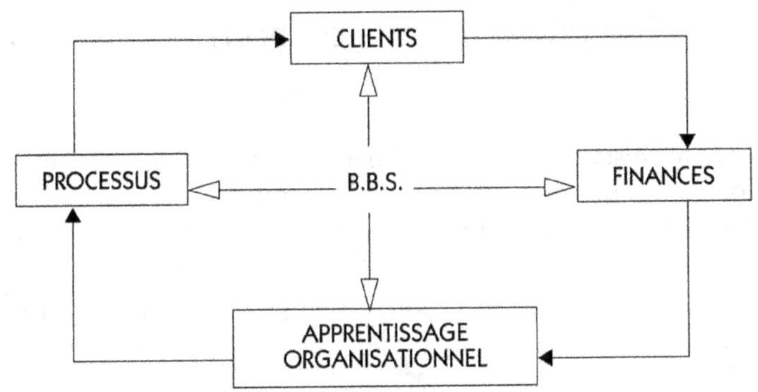

■ Les différences que présente le BBS avec le tableau de bord peuvent être résumées comme suit :

BBS	**Tableau de bord**
Mesure des résultats a posteriori et suivi des effets des interventions sur déterminants de la performance	Mesure des résultats a posteriori
Ajustement de stratégie Redéfinition des missions	Stratégie figée à moyen terme Missions fixées à moyen terme
Suivi selon 4 axes pour toutes les unités	Suivi selon le découpage fonctionnel (par métier ou activité)
Objectifs proposés par chaque unité et avalisés par l'échelon supérieur	Objectifs proposés par l'échelon supérieur et négociés avec l'unité
Ajustement à court et long terme global et local	Ajustement local à court terme
OUTILS DE PILOTAGE STRATÉGIQUE	OUTIL DE PILOTAGE DE LA MISE EN OEUVRE D'UNE STRATÉGIE

FICHE N°12 – LE TABLEAU DE BORD, UNE DÉMARCHE PROJET

Objet : sensibiliser les responsables aux implications concrètes du lancement d'un projet tableau de bord

Problématique

Certains responsables de service imposent un tableau de bord conçu de manière empirique. Les résultats sont souvent catastrophiques, à la fois sur la pertinence de l'outil et en matière d'acceptation du dispositif par l'entourage.

Développer un tableau de bord est un projet qui présente des enjeux particuliers. Quels sont-ils ? Comment aborder le projet tableau de bord au sein d'une structure ?

Idées clés

- ✓ Le développement d'un tableau de bord dans une structure génère des effets qu'il faut anticiper.
- ✓ Il s'agit de réfléchir avant d'agir : adopter les principes de conduite de projet est un gage de réussite.
- ✓ Quelle que soit la qualité de l'outil, la mise en œuvre d'un tableau de bord s'accompagne d'une bonne information : la transparence sur les buts poursuivis et les modalités adoptées sont deux vecteurs de réussite.
- ✓ Comme tout projet, le tableau de bord s'inscrit dans la durée : la persévérance est une vertu à développer.

■ L'adéquation du tableau de bord aux besoins de la structure est le résultat d'une démarche rigoureuse. Le responsable a intérêt à s'appuyer sur les **principes de conduite de projet** pour garantir le succès de sa démarche.

- Élaborer un tableau de bord est une **démarche d'investissement** au sens strict. Elle suppose de consacrer des ressources et des moyens à sa conception pour obtenir un résultat (un dispositif d'information) dont la finalité est d'améliorer la gestion du système. Ce coût d'investissement doit être « rentable » compte tenu des enjeux en présence.
- Mettre en œuvre un tableau de bord fait apparaître des enjeux de nature :
  - **Humaine** : le tableau de bord est un outil de mesure de la performance. Il peut à ce titre générer des freins de la part des acteurs du système, notamment les opérationnels. La mesure n'est pas encore ancrée comme une nécessité dans bien des entreprises. Les risques liés sont généralement le rejet (l'outil n'est pas utilisé, pas crédible, il est contesté), ou plus grave le sabotage (déviances dans les modes de calculs, interprétation biaisée ou contestation des chiffres). L'outil doit être reconnu et accepté par les acteurs du système. Seule leur implication permet d'atteindre cet objectif.
  - **Technique** : le tableau de bord est un outil de communication de données. C'est un dispositif élaboré qui s'inscrit dans le temps. Les choix de conception et de formalisation sont déterminants, à la fois dans la capacité à faire évoluer le tableau de bord, mais aussi quant à l'impact de communication qu'il doit avoir. Des compétences multiples sont donc nécessaires pour élaborer un outil qui corresponde aux besoins réels d'utilisation.
- Les implications pour aborder le projet tableau de bord sont multiples :
  - En premier lieu, le responsable de service doit faire preuve d'une **volonté forte** : la conception et la mise en place d'un tableau de bord relèvent d'une démarche qui prend du temps et qui requiert de l'énergie. La lassitude et le doute sont les risques concrets qui apparaissent avec le temps. Se lancer dans un tel projet suppose d'être convaincu du bien-fondé et de l'utilité de l'outil, en ayant conscience de la charge de travail que cela suppose.
  - Le **soutien de sa hiérarchie** constitue un support indispensable. Le tableau de bord ne doit pas être le projet

d'un homme, mais d'une équipe. Le premier intéressé devrait être le niveau hiérarchique supérieur, qui peut attendre une amélioration des performances de l'unité concernée. Le supérieur hiérarchique peut également aider son subordonné dans la recherche des informations et des ressources dont il aura besoin.

- Une démarche projet est une **dynamique participative**. Elle réunit des compétences multiples. Savoir s'entourer de personnes motivées, impliquer les acteurs de terrain dans la réflexion, communiquer autour du projet, voilà autant de vecteurs de réussite.

- Recourir à une **méthode** éprouvée : un projet implique une phase de réflexion avant l'action. Dans un projet tableau de bord, rien ne sert de définir les indicateurs s'ils ne sont pas validés par une réflexion centrée sur les priorités et l'utilité.

■ Introduire un tableau de bord dans une structure est un projet de **changement**, qui heurte des comportements. Sa caractéristique propre fait qu'il est lié au principe de la mesure qui n'est pas totalement développé, voire accepté, dans certaines cultures (notamment tertiaires). Il est donc normal que des **freins** apparaissent lors du lancement de ce type de projet (opposition, critique, passivité...).

■ L'implantation d'un tableau de bord est une opportunité pour faire évoluer le fonctionnement d'une structure. En parallèle à ces freins, existent des leviers qu'il faut savoir détecter et activer. Le principal en est probablement l'implication active des différents acteurs dans le projet, qui aboutit généralement à un meilleur niveau de maturité de la structure (meilleure connaissance de la structure, évolution des modes de communication, dialogue plus adulte).

■ Les **5 bonnes raisons** d'appliquer la démarche projet au tableau de bord :

- L'univers est **complexe** : le mode de management, les relations hiérarchiques, le système de pilotage, le système d'information, sont amenés à subir des modifications. Le tableau de bord porte sur toutes les activités de l'entreprise, de l'élaboration de la stratégie au système de production en passant par le commercial, les achats, les RH, les finances...

- Les **enjeux** sont importants : le tableau de bord est l'outil de la mise en œuvre d'une stratégie qui engage l'institution ou l'entreprise à moyen voire à long terme. De sa bonne conception dépendent les performances du pilotage.
- Les **acteurs** concernés (et/ou impliqués) sont nombreux : tout le personnel de l'entreprise est concerné par l'exploitation du tableau de bord. De nombreuses personnes, cadres, responsables d'unités, sont impliquées dans sa conception et son utilisation.
- Les **risques** sont élevés : les erreurs de conception peuvent compromettre l'atteinte des objectifs stratégiques ou opérationnels, ou rendre l'outil inutilisable. Des conflits peuvent aussi naître des erreurs d'exploitation : mauvaise interprétation, absence de consensus sur les valeurs de référence ou l'interprétation des indicateurs, détournement du tableau de bord en outil d'évaluation ou autre.
- Les **techniques** à mettre en œuvre sont sophistiquées : la multiplicité des natures d'indicateurs et l'interprétation des écarts exigent des connaissances professionnelles variées et parfois très spécialisées. Seule une équipe pluridisciplinaire faisant appel à des spécialistes peut concevoir et produire certains indicateurs.

FICHE N°13 – LES 4 SUPPORTS DE LA DÉMARCHE PROJET

Objet : donner une approche globale d'un projet

Problématique

Certains projets sont vécus comme des échecs faute de n'avoir pas pris en compte et maîtrisé différentes dimensions, présentes dans tout projet. Les conséquences sont, du point de vue social, un traumatisme dans la structure (tout nouveau projet étant par définition suspect) et, du point de vue technique, une perte de crédibilité du produit élaboré. Les projets de tableau de bord ne font pas exception à ce constat.

Quelles sont les différentes dimensions à intégrer dans un projet de type tableau de bord ?

Idées clés

- ✓ Un projet consiste à concrétiser une intention.
- ✓ Les quatre piliers de la conduite de projet aident à faire face aux différents pièges inhérents à tout projet.

■ Un projet est une réponse à un besoin, généralement défini comme « un résultat à atteindre à travers une démarche organisée, et qui doit satisfaire des impératifs de qualité, de délais et de coûts ».

■ Pour qu'il réussisse, un projet doit prendre en compte quatre dimensions :

- La **méthode** : elle décrit les différentes étapes à respecter pour élaborer la prestation ou le produit attendu. Elle s'intéresse donc au « comment faire ? ». Élaborer un tableau de bord implique de respecter des *étapes clés* afin que l'outil soit le plus adapté possible aux besoins des destinataires.

Voir fiche 19, p. 68

- Les **structures** : un projet met en relation des compétences détenues par différents acteurs. Trois fonctions de bases doivent être présentes : décider, coordonner, réaliser, mais qui ne peuvent être détenues par un même acteur. Selon l'ampleur du projet tableau de bord, les *structures* doivent être adaptées pour garantir l'atteinte du résultat. *Voir fiche 17, p. 59*

- Le **planning** : complément indispensable de la méthode, il facilite le déroulement du projet et le respect des délais impartis. Un projet est borné dans le temps : il a un début *et* une fin. Le projet tableau de bord doit l'être aussi, quitte à ne pas disposer du tableau de bord idéal, très coûteux en temps !

- Le **système de communication** : la matière première d'un projet est l'information. Il est donc nécessaire d'organiser le flux d'informations dans ses modalités et ses formes. Pour le projet tableau de bord, compte tenu des freins inhérents en termes de mesure, une *bonne communication* facilite le développement de la démarche. *Voir fiche 18, p. 6*

■ Ces quatre aspects sont **interdépendants**. Il ne peut y avoir de manquements à l'un des domaines sans que cela ne fasse peser un risque sur la bonne fin du projet. Un projet est comparable à un véritable édifice : si l'un des piliers est fragile, l'ensemble de la structure en pâtit.

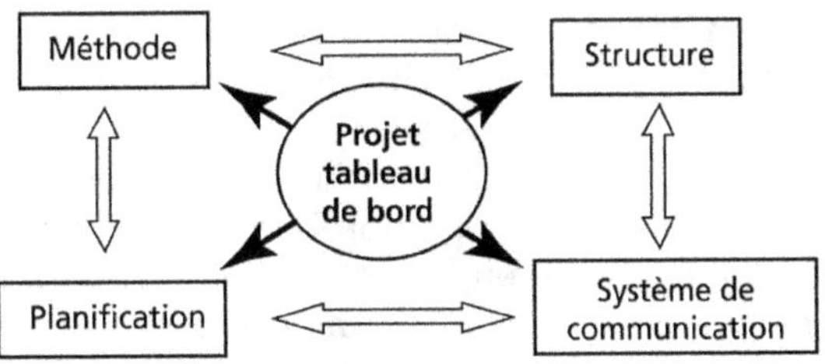

■ En matière de « Tableau de bord », il est nécessaire d'adapter ces principes afin de tenir compte de la particularité d'un projet. Compte tenu des enjeux en présence, une attention accrue doit être portée sur les aspects de **communication**.

FICHE N°14 – LE PROJET DE SERVICE

Objet : définir la dimension managériale d'un projet de service

Problématique

Le tableau de bord est certes un outil qui intéresse en premier lieu le responsable. Pour autant, ce dernier ne doit pas élaborer son dispositif seul, car le risque est grand de s'enfermer dans une tour d'ivoire et de produire un outil rejeté par son entourage. Le tableau de bord est un excellent prétexte pour développer une démarche collective de type « projet de service ».

Qu'est-ce qu'un projet de service ? Comment le mener à bien ?

Idées clés

- ✓ Le projet de service a pour visée des enjeux économiques et sociaux.
- ✓ Bien qu'initié par le responsable, il doit être approprié pour les acteurs de la structure.
- ✓ Le projet de service ne doit pas être « utilisé » à des fins de replâtrage d'une carence en management : l'effet n'en serait que plus négatif !
- ✓ Le tableau de bord est un VRAI projet de service.
- ✓ Le fait de traiter la conception et la mise en œuvre d'un tableau de bord en projet de service permet de l'adapter au terrain et de minimiser les facteurs de résistance à sa mise en œuvre.

■ Un projet de service est une démarche par laquelle le responsable mobilise son équipe, dans le but d'améliorer le fonctionnement de la structure et contribuer à son développement. C'est un acte important de **management**, dans la mesure où le projet de service affecte toutes les dimensions de l'unité :

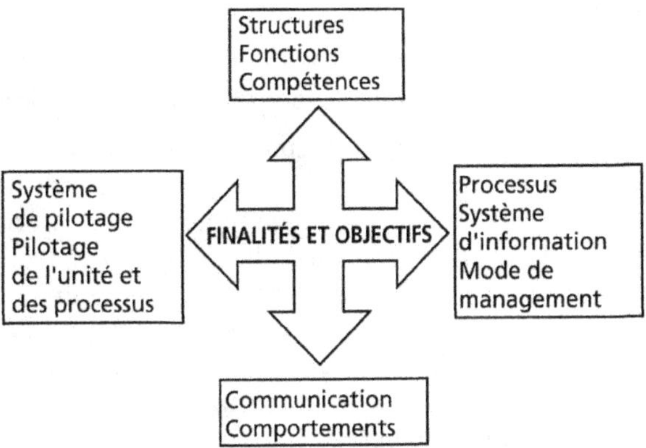

- Un projet de service est une démarche caractérisée par :
  - La délimitation d'un **périmètre** à une entité définie par une unité de pilotage qui peut regrouper :
    - des fonctions homogènes : entité commerciale, administrative, stratégique, de production...
    - des sous-unités qui concourent à un même résultat : logique de produit, logique de clientèle...
  - Un **besoin** exprimé au niveau de l'entité ainsi définie. Ce besoin peut concerner un besoin plus large, par exemple l'atteinte d'un objectif de l'entité de niveau supérieur. Dans le cas cité, cette approche revient à décliner la démarche de projet d'une façon qui soit spécifique à chaque unité, ce qui permet de l'adapter « sur le terrain » (par rapport aux caractéristiques de l'unité et à son environnement) et donne l'initiative aux responsables opérationnels.
  - L'implication des **managers** de l'unité dans toutes les phases du projet.
  - L'implication des **agents** dans les phases de conception et de mise en œuvre.
- Tout projet est porteur d'une dynamique de changement, qui se concrétise nécessairement par des comportements nouveaux. Le succès d'un projet de service, et notamment

du tableau de bord, repose sur l'acceptation de la démarche. **L'implication** de tous les acteurs est la voie incontournable qui y mène.

- Voici les conditions à réunir pour obtenir cette implication :
  - **préparer le projet** avant de communiquer : le responsable doit clarifier le but visé à travers le projet de service (en quoi la démarche est-elle une réponse à une priorité du moment ? en quoi constitue-t-elle une opportunité d'évolution pour le service et pour les acteurs qui y travaillent ?). De la même manière, il doit préciser ses attentes du point de vue de la participation de ses subordonnés (pourquoi souhaite-t-il les impliquer ? quelles responsabilités va-t-il leur confier ? quel est le degré de recevabilité des subordonnés ? quels sont les risques et opportunités en présence ?). Il doit également évaluer les implications du lancement de la démarche dans le contexte de son secteur (conséquences sur le fonctionnement quotidien, adaptations organisationnelles).
  - **préparer la communication** avant de communiquer : le projet de service modifie le fonctionnement normal de l'unité. Il soulève des peurs, des attentes, des questions… Dans ces conditions, adopter une approche de type « plan de communication » (identifier les cibles, définir les objectifs de communication, définir les messages, choisir le bon mode de communication) est en soi un moyen efficace pour préparer l'annonce du projet et envisager les modes d'information tout au long du projet.
- Du point de vue du responsable, **associer** les acteurs de terrain à la conception et à la mise en œuvre relève d'une attitude, d'un « style » de management qui permet :
  - d'utiliser les connaissances du terrain et les compétences des agents,
  - de favoriser l'appropriation par les acteurs de ce qui sera réalisé,
  - de prendre en compte les attentes et les contraintes des acteurs,
  - de valoriser les collaborateurs qui s'investissent,
  - d'avoir sur le terrain des alliés qui pourront devenir moteurs au moment de la mise en œuvre.

FICHE N°15 – LE LANCEMENT DU PROJET « TABLEAU DE BORD »

Objet : proposer un fil conducteur pour initier un projet de service centré autour du tableau de bord, en évitant les obstacles classiques à ce type de démarche

Problématique

Un projet entraîne généralement des bouleversements de la structure concernée, a fortiori lorsqu'il s'agit de traiter de la matière chiffrée. Les enjeux en présence, notamment techniques et humains, rendent périlleuses les initiatives improvisées. Le respect de principes et certaines précautions se révèlent indispensables, en particulier lors de la phase de lancement de ce type de projet.

Quelles modalités et précautions adopter pour initier un projet de service de type « tableau de bord » ?

Idées clés

- ✓ En cadrant le projet, on vise à définir ses limites.
- ✓ Le projet de tableau de bord peut faire l'objet de suspicions : une analyse des enjeux et des risques est indispensable pour lancer le projet.
- ✓ Communiquer est la clé du succès d'un projet : sans buts clairs, et clairement exprimés, les acteurs seront réticents... à juste titre !
- ✓ Il faut repérer les attitudes des différents acteurs : c'est autant de temps de gagné sur le traitement des résistances éventuelles.
- ✓ Prendre le temps de réfléchir avant de se lancer dans la démarche : le temps « perdu » en préparation est du temps investi pour la suite du projet

- Les facteurs suivants conditionnent la réussite d'un projet :
  - sa **pertinence** : de par la nature et la qualité de la réponse qu'il apporte à un besoin réel et clairement identifié ;
  - son degré **d'intégration** dans l'environnement : en recherchant un caractère « écologique » dans le sens où il vise à faire évoluer des composantes tout en les respectant ;
  - son **opportunité** : la capacité à ce qu'il soit mené au bon moment ;
  - **l'efficacité** des organes qui doivent le concevoir et le réaliser : couverture de fonctions particulières, choix et implication des acteurs.
- Comme dans tout projet, la phase **d'initialisation** du projet est déterminante. Elle a pour but de **clarifier** la nature et la portée du projet, de **délimiter** le champ d'intervention (le périmètre), ainsi que **d'identifier** le dispositif nécessaire pour le réaliser.
- **Cadrer** le projet tableau de bord permet d'anticiper et d'atténuer les phénomènes de résistances : n'oublions pas que la matière première du tableau de bord est le chiffre ! À travers cette phase clé, les limites du projet sont ainsi clarifiées et communiquées.
- Rappelons le contenu des principales étapes de la phase d'initiation :
  - **Clarifier les besoins** : il s'agit dans un premier temps de passer de l'idée (certes séduisante…) de mettre en place un tableau de bord à celle qui consiste à exprimer le besoin réel. La *démarche de questionnement* et les principes de la résolution de problème facilitent ce travail. Exemples de questions à se poser : en quoi la situation présente est-elle insatisfaisante (ou doit-elle être améliorée) ? En quoi un tableau de bord pourrait-il améliorer la situation actuelle ? Le tableau de bord est-il la meilleure solution dans le contexte actuel ?

Voir fiche 16, p. 55

  - **Situer le projet dans son contexte** : le projet va modifier un « équilibre » existant. Il est donc indispensable d'identifier les composantes concernées par ce projet (structures, acteurs…) et de situer leur niveau d'implication. Pourquoi est-il important de satisfaire les besoins identifiés maintenant ? Quels sont les risques en présence ? Qu'attendent les commanditaires du tableau de bord ? Quels impacts organisationnels le tableau de bord implique-t-il ? Quelles sont les évolutions des processus décisionnels au sein de la structure ? De quelle façon le système d'information sera-t-il impliqué ?

- **Définir les objectifs** : un projet de tableau de bord peut être plus ou moins ambitieux. Il est donc utile de définir la dimension concrète du projet en fixant un objectif. Quelles sont les améliorations à obtenir ? À partir de quels résultats visibles saurons-nous que les améliorations sont atteintes ? À quelle date pouvons-nous escompter les obtenir ? Ces objectifs sont-ils cohérents avec les besoins et les attentes du commanditaire ?
- **Définir le dispositif du projet** : ces questions liminaires posées, les 4 piliers du projet peuvent être abordés. En premier lieu, il s'agit de définir la démarche (quelles sont les différentes étapes ?), puis nommer les acteurs légitimés au sein des structures projet (comité de pilotage, responsable de projet, équipe projet, experts), et enfin planifier les travaux à réaliser. Ces différents aspects sont formalisés par une note de cadrage, qui constitue le document de référence pour les différentes parties impliquées.
- **Officialiser le projet** : la communication est le point critique de tout projet : si elle est adaptée, le projet débute sur des bases saines ; inexistante ou hasardeuse, le projet est confronté à des handicaps dès sa mise en œuvre. La communication est d'autant plus importante pour un projet de tableau de bord que son aspect chiffré entraîne des suspicions quant à des enjeux cachés. Le lancement officiel suppose ad minima une réunion de l'équipe projet (pour rappeler les objectifs et les éléments du dispositif), mieux, une démarche fondée sur un *plan de communication* : quelles cibles ? quels objectifs ? quels messages ? quels médias ?

Voir fiche 18, p. 64

■ Dans un projet, trois sources majeures de risques existent. La phase d'initiation est l'instant privilégié pour mener une réflexion autour de ces trois risques et pour mettre en œuvre des actions permettant d'anticiper leurs effets.

- Le **comportement** des acteurs : l'attitude des acteurs évolue au gré des convergences ou des divergences d'intérêt. Réaliser la cartographie des acteurs permet d'une part de repérer leurs comportements probables et d'autre part de définir des groupes cibles (alliés, neutres, opposants) pouvant faire l'objet de modes d'implication et/ou de communication différenciés (informer, dialoguer, impliquer, animer, écarter...).
- Les **aléas** qui surviennent lors de la réalisation des tâches : comme dans tout projet, l'avancement du projet tableau de bord est soumis à des aléas techniques, humains, financiers... Selon le contexte, ces aléas ont une probabilité d'occurrence plus ou moins forte. Il convient donc d'en être conscient dès le début et de déterminer par avance des ripostes (préventives ou curatives). Le tableau présenté ci-après facilite la recherche des aléas qui pourraient se produire.

Étape/ Tâche	Nature de l'aléa	Probabilité d'occurrence	Type et niveau de gravité (*)	Action de prévention	Action d régulatio
Maquettage -test	Disponibilité de temps machine	Moyenne (autres projets en cours)	Moyens	Informer l'équipe informatique Convenir d'un planning	Contacter le responsabl informatiqu dès problèr avéré

(*) Objectifs – Délais – Moyens (coûts)

- Les évolutions de **l'environnement** : les modifications de la stratégie de l'entreprise, la révision des objectifs, les modifications techniques du système d'information, les changements de structure..., autant d'événements qui peuvent remettre en cause tout ou partie du projet. Il est donc indispensable de détecter ces phénomènes, pour adapter en conséquence les objectifs et les modalités du projet tableau de bord.

FICHE N°16 – CLARIFIER LES BESOINS ET LES ATTENTES D'UN PROJET « TABLEAU DE BORD »

Objet : aider à distinguer et formaliser les éléments déterminants d'un projet tableau de bord

Problématique

La mise en place d'un tableau de bord résulte parfois d'un effet de mode. Dans ces conditions, l'outil a peu de chance d'être crédible et ne possède qu'une durée de vie limitée. Concevoir et mettre en œuvre un tableau de bord est une forme d'engagement. Il est donc indispensable que le responsable puisse exprimer clairement en quoi son futur outil lui sera utile.

Comment identifier et formaliser les besoins et attentes relatifs au projet tableau de bord ?

Idées clés

- ✓ Le tableau de bord n'est pas un gadget ! Le responsable a tout intérêt à identifier ce qui le pousse à mettre en place cet outil.
- ✓ Les besoins sont liés à des aspects vitaux pour le développement de la structure.
- ✓ Les attentes sont relatives à des aspects où les émotions entrent pour une grande part.
- ✓ Si les attentes ont pour motif des raisons de valorisation personnelle (aspects égotiques), il est peut- être plus sage de remettre à plus tard ce projet…

■ Nous avons vu que la *première phase*, dite de cadrage, consiste à clarifier les besoins et attentes des commanditaires. Elle a pour but de mieux situer l'origine du projet, et surtout de déterminer clairement son objectif. Il en est de même pour le projet tableau de bord.

Voir fiche 15

- Un projet est l'expression de la volonté d'une personne qui souhaite obtenir un résultat (objet, prestation, bien d'équipement, changement...). Il s'agit pour son promoteur de concrétiser une réalité à venir, pour répondre à un **manque** à un instant donné, ce manque pouvant résulter soit d'un besoin, soit d'une attente. Ces deux notions doivent être distinguées : elles ne résultent pas du même champ de réflexion et semblent parfois contradictoires.
- Un **besoin** représente une nécessité vitale au regard de la survie et du développement d'un système. Tout comme une plante a besoin de soleil, d'eau, de sels minéraux, pour croître, une entreprise a besoin de capitaux pour asseoir son développement. De même, un responsable peut avoir besoin d'un tableau de bord au regard de la mission qu'il doit assumer.
- Une attente représente un désir, parfois non conscient. À travers la réalisation de cette attente, l'individu obtient une satisfaction personnelle profonde. L'attente est souvent liée à une **émotion**, notamment la joie ou la peur. Par exemple, un opérateur qui a réalisé un travail difficile peut attendre un signe de reconnaissance de la part de son responsable, ce qui lui procurera de la joie.
- Le responsable qui souhaite mettre en place un tableau de bord a intérêt à identifier ce qui le pousse à vouloir s'engager sur cette voie. Le tableau de bord n'est pas un gadget ! Son introduction dans une structure entraîne des bouleversements qu'il faut anticiper afin de mieux les gérer.
- On peut identifier les besoins et attentes liés à un tableau de bord au moyen des questions suivantes (non exhaustives) :
  - Identifier les **besoins** :
    - Actuellement, quels sont les aspects que je ne maîtrise pas bien ? De quoi aurai-je besoin pour pouvoir les maîtriser ?
    - Quelles sont les évolutions de l'entreprise (ou de mon service) nécessitant un suivi particulier ?
    - En quoi ces évolutions sont-elles déterminantes au regard des objectifs que je dois atteindre ?
    - À partir de quels éléments d'information vais-je pouvoir valider l'atteinte des objectifs ?

- Quelles informations dois-je remonter vers mon supérieur hiérarchique dans le cadre de ces évolutions ? En quoi ces informations l'intéressent-elles ?
- En quoi le tableau de bord va-t-il m'aider à mieux gérer mon système ?
- Le tableau de bord va-t-il permettre de faire évoluer les relations avec mon équipe ?
- Si je n'ai pas de tableau de bord, que se passera-t-il pour le fonctionnement du service ?

• Identifier les **attentes** :
  - Comment (ou éventuellement de qui...) m'est venue l'idée de mettre en place un tableau de bord ?
  - Jusqu'à présent, je gérais sans tableau de bord, sans m'inquiéter pour autant. Qu'est-ce qui a changé par rapport à la situation précédente ?
  - En quoi le tableau de bord peut-il me procurer plus d'assurance ?
  - Quelles sont les évolutions dans le mode de management de l'entreprise qui peuvent me pousser à devoir me justifier ? Et sur quels éléments ?
  - Le fait de posséder un tableau de bord occasionnera-t-il plus de satisfaction, de confort, ou moins de crainte ?
  - Le tableau de bord est-il actuellement un outil « dans l'air du temps » au sein de l'entreprise ?
  - Le tableau de bord est-il imposé par la hiérarchie ?
  - En quoi le tableau de bord peut-il améliorer (dégrader) les relations que j'ai avec mes collaborateurs ?

■ Les réponses sont ensuite exploitées pour définir **l'objectif** du projet (aspects qui se rapportent aux besoins) et prendre en compte le **climat** dans lequel il va se dérouler (aspects qui se rapportent aux attentes). Cette approche permet au responsable d'identifier d'éventuels **sabotages** pouvant intervenir ultérieurement dans la vie du projet.

■ Une bonne démarche consiste à formaliser **par écrit** à la fois les **questions** de base (celles que nous proposons peuvent être complétées) et les **réponses** apportées. Les éléments recueillis peuvent en effet servir pour alimenter la réflexion autour du lancement du projet.

■ Dans cet exemple présenté ci-dessous, nous pouvons douter du bien-fondé de mettre en place le tableau de bord :

Affirmation du responsable	Décodage possible des propos
Je vais mettre en place un tableau de bord…	Il existe une problématique à clarifier. La solution est déjà décidée : est-elle adaptée pour autant ?…
car je souhaite connaître précisément les performances de mes commerciaux.	Nous savons qui est concerné par le problème : les forces commerciales.
En effet, mes troupes sont sur le terrain quasiment tous les jours. Elles revendiquent des moyens, mais je ne sais pas si ces demandes sont fondées : nous n'avons que très peu de contacts permettant d'échanger sur les problèmes rencontrés.	Un élément de problématique est levé : le responsable n'a pas assez de contacts avec ses commerciaux.
Certains d'entre eux sont très indépendants et font ce qu'ils veulent. Je ne dispose pas de moyen pour contrôler leurs résultats précis, notamment vis-à-vis des prospects.	Un autre élément de problématique : le responsable n'a pas de lisibilité sur l'action des commerciaux en termes de prospection.
À travers le tableau de bord, il ne pourra pas y avoir de contestation, et je vais pouvoir sanctionner plus facilement les brebis galeuses ! Certaines primes vont tomber !	L'attente se situe à ce niveau : exercer un pouvoir hiérarchique à travers les éléments de rémunération. Le projet tableau de bord est bien mal parti !

FICHE N°17 – DÉFINIR LES STRUCTURES D'UN PROJET « TABLEAU DE BORD »

Objet : identifier les acteurs et les rôles pour un projet tableau de bord

Problématique

Certains projets présentent des risques parce que les structures ne sont pas bien définies, ou parce que les rôles sont peu clarifiés. Il en résulte des difficultés classiques telles que les dérives temporelles (en rapport notamment avec le processus décisionnel), les dérives fonctionnelles (le « produit » ne correspond pas aux besoins définis), ou bien encore des conflits interpersonnels.

Quelles structures faut-il mettre en place, et quels rôles devons-nous leur attribuer, pour que le projet tableau de bord aboutisse ?

Idées clés

- ✓ 3 fonctions doivent être présentes dans un projet : décider, coordonner, réaliser.
- ✓ Clarifier les rôles permet à chaque acteur de savoir ce qu'il doit faire, et ce qui n'est pas de son ressort.
- ✓ Le choix des acteurs d'un projet tableau de bord doit être guidé par leurs capacités respectives à travailler sur différents niveaux logiques d'information.
- ✓ L'intérêt porté au sujet est également un des facteurs clés du succès du projet !

■ Pour aboutir, un projet doit intégrer **trois fonctions** (décider, coordonner, réaliser), assumées par **trois instances** distinctes (comité de pilotage, responsable projet, équipe projet). L'absence ou la confusion de ces aspects fait peser des risques qui peuvent compromettre la bonne fin du projet.

■ Fondamentalement, les fonctions d'un projet et les organes afférents sont les suivants :

- **décider** : certains événements jalonnent la vie d'un projet. Le type d'événement et son degré d'importance impliquent de prendre des décisions dont certaines ont des répercussions dans l'ensemble de la structure. C'est pour cette raison que la fonction de décision est généralement attribuée à un responsable ayant un niveau hiérarchique (et décisionnel) élevé. Cette fonction est dévolue à une instance généralement nommée « **Comité de pilotage** ».

- **coordonner** : un projet doit respecter des critères de qualité, délai et coût définis par le commanditaire. Les différentes actions doivent donc être coordonnées pour que ces conditions soient respectées. De même, des informations doivent circuler entre les fonctions de décision et de réalisation. Tels sont les rôles fondamentaux dévolus à la fonction de coordination. Cette fonction est attribuée au « **Responsable de projet** ».

- **réaliser** : un projet inclut différentes actions nécessitant des compétences multiples rarement détenues par un même acteur. Les ressources d'un projet, choisies selon leur domaine de compétence, contribuent à élaborer le résultat souhaité en mettant en commun leurs connaissances. Ces personnes sont impliquées dans le projet, au sein d'une structure dénommée « Équipe projet ».

■ **Attention !** Si la présence de ces organes est indispensable, leur composition peut varier selon l'ampleur du projet tableau de bord. Un projet d'entreprise relevant d'une démarche stratégique ne revêt pas la même ampleur (en impact et en taille) qu'un projet initié par le responsable au sein de son équipe. Les moyens mis en œuvre différeront également (système de traitement de l'information, nombre et qualité des acteurs impliqués, utilisation d'experts externes…).

- Différents acteurs sont donc nécessaires. Le fait de les **identifier**, de **définir** leur rôle et **d'obtenir** leur participation constitue les trois étapes ressortissant au volet des structures d'un projet.
- Dans le cas d'un projet d'entreprise, les structures et acteurs d'un projet tableau de bord sont généralement les suivants :
  - **Comité de pilotage** : doté du pouvoir d'orientation et de décision, il est composé de tout ou partie des membres du Comité de direction de l'entreprise. Il marque de manière forte son investissement dans le projet, à la fois en parole (communication) et en acte (processus de décision fluide).
  - **Responsable projet** : assurant la coordination et garantissant la cohérence de la démarche, il doit posséder de bonnes bases méthodologiques et relationnelles. Choisi parmi le personnel interne en fonction des compétences requises, ce peut être un acteur d'une direction fonctionnelle (direction de l'organisation, direction financière...) ou opérationnelle (un responsable de réseau...). Le rôle de cette personne peut être transformé après le projet lui-même, pour devenir le référent interne du dispositif (objectif : assurer le recueil en termes de maintenance et d'évolution du dispositif). Dans certains cas, ce peut être un expert externe qui apportera son expérience.
  - **Équipe projet** : chargée de concevoir et de mettre en œuvre les actions nécessaires, elle est constituée principalement de représentants de chaque secteur concerné par l'élaboration du tableau de bord. Leur capacité de vision à la fois globale et locale (assurer la cohérence d'ensemble du dispositif, intégrer des informations de niveaux logiques différents) constitue la qualité déterminante de leur participation. Des experts techniques sont également associés pour apporter des éclairages techniques :
    - statisticiens par exemple, pour les aspects de calcul des indicateurs ;
    - chef de projet informatique, pour la déclinaison technique des besoins dans le système informatique interne.

- **Utilisateurs pilotes** : représentants des unités opérationnelles, ces personnes apportent leur niveau de connaissance, mais surtout donnent leur point de vue sur les travaux de l'équipe projet (intérêt, utilité, maniabilité...). Ils sont impliqués de manière ponctuelle, en début de projet et lors des phases de validation des premiers résultats.

Voir fiche 18, p. 64

- L'implication des acteurs est plus évidente si les rôles sont clarifiés dès le début du projet (savoir ce que l'on va faire) et si la ***communication*** est suffisante.
- Voici un exemple d'organigramme de projet de tableau de bord :

Organigramme du projet « tableau de bord » d'une chaîne de supermarché

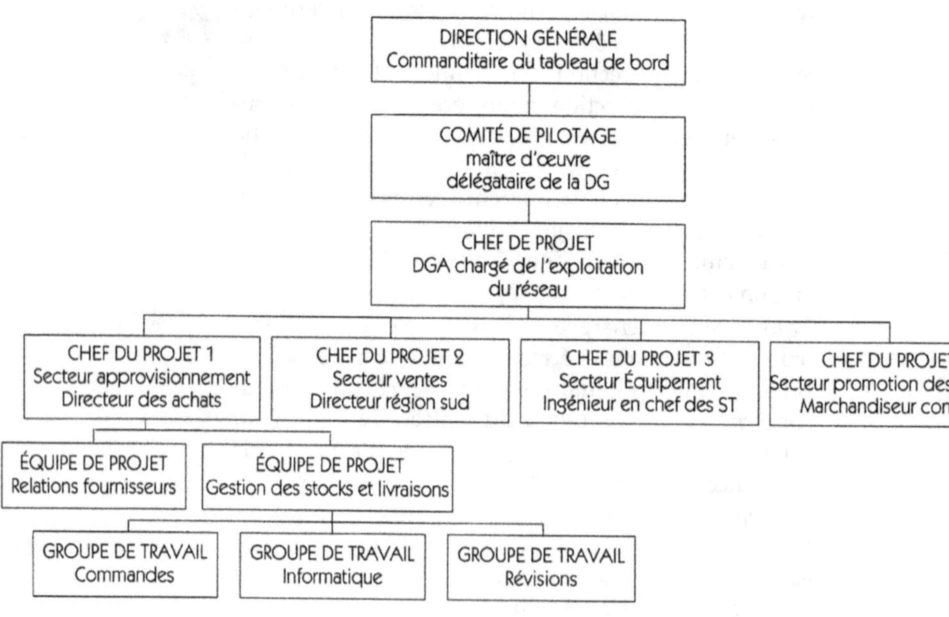

■ Synopsis des rôles des acteurs dans un projet tableau de bord :

PHASES	ACTEURS	ROLES
Expression de la demande	Un ou plusieurs responsables	– Exprimer pourquoi un besoin est ressenti – Exprimer la volonté de le satisfaire – Obtenir du niveau supérieur (souvent la direction générale) l'autorisation d'initialiser le projet
Initialisation	Un chargé d'étude qui peut être un expert ou un des responsables à l'origine du projet	– Conduire l'étude d'opportunité – La faire valider par la direction générale – Nommer le comité de pilotage – Lancer le projet
Lancement	Le chef de projet éventuellement assisté d'experts	– Cadrer le projet : définir les fonctions du tableau de bord, les objectifs du projet, son périmètre, les contraintes... – Faire approuver la note de cadrage par le comité de pilotage – Organiser la phase de conception – Mettre en place les outils de pilotage du projet – Constituer l'équipe projet
Conception	Le chef de projet éventuellement assisté d'experts et de techniciens Des groupes de travail composés de représentants de différents échelons (métiers, géographiques, hiérarchiques) selon le mode de découpage retenu pour le tableau de bord Le comité de pilotage	– Diriger les travaux de conception. – Rédiger le cahier des charges : fonctions principales, contraintes, limites détaillées selon le découpage décidé (produits, métiers...) – Décliner à chaque échelon les objectifs et les indicateurs – Faire des propositions au chef de projet – Faire une synthèse des propositions et la soumettre au comité de pilotage – Arbitrer entre les différentes possibilités et choisir le scénario qui sera réalisé
Réalisation	Le chef de projet L'équipe projet qui peut comporter des experts, des techniciens spécialisés ou des personnes nommées pour leurs compétences Le chef de projet	– Suivre l'avancement des travaux – Définir tout ce qui caractérise les indicateurs – Rédiger les procédures – Automatiser éventuellement (un sous-projet en soi) le tableau de bord – Former les futurs utilisateurs – Valider par rapport au cahier des charges et aux décisions prises – Faire valider par le comité de pilotage
Mise en place	Le chef de projet L'équipe projet	– Tester leur réalisation sur des sites pilotes – Généraliser ensuite
Clôture	Le chef de projet Tous les acteurs	– Organiser la réunion et préparer les documents – Faire le bilan du projet – Dissoudre l'équipe

FICHE N°18 – DÉFINIR LE PLAN DE COMMUNICATION D'UN PROJET « TABLEAU DE BORD »

Objet : proposer un processus de communication pour lancer un projet tableau de bord d'un service

Problématique

Certains projets sont fraîchement accueillis par leurs destinataires faute d'information suffisante. La matière première d'un projet reste l'information. Sans elle, des phénomènes de rejet risquent de se développer. Cela est d'autant plus vrai lorsque l'objet concerne des données chiffrées. Une communication adaptée réduit ces risques.

Quel plan de communication faut-il mettre en œuvre pour un projet tableau de bord ?

Idées clés

✓ Le plan de communication prévoit les jalons d'information dans le cadre d'un projet.

✓ Quatre composantes définissent le plan de communication : les cibles, les objectifs, les messages et les moyens.

✓ La première phase de communication influe sur les chances de réussite d'un projet.

✓ Il faut choisir le message en fonction des centres d'intérêts (ou de préoccupations !) de la cible : autrement dit, rester concret et illustrer.

✓ Communiquez, communiquez : il en restera toujours quelque chose ! (à condition de bien préparer ce que l'on a à dire...).

- Les enjeux d'un projet tableau de bord résident essentiellement dans l'impact de l'utilisation de données chiffrées. Or, dans certains milieux ou secteurs professionnels, la culture du chiffre n'est pas encore ancrée. Le chiffre fait peur car son utilisation est **suspecte** : « À quoi vont servir les chiffres que nous allons donner ? » demandent la plupart des acteurs de terrain, faute de communication suffisante.

- Le plan de communication consiste à définir les **modalités** d'information à réaliser tout au long du projet. Il s'agit de prévoir à quels instants et sous quelle forme une information sera communiquée auprès d'acteurs particuliers. Il ne s'agit donc pas ici de la communication courante entre les structures d'un projet (ex. : le reporting de l'équipe projet vers le responsable de projet). Le plan de communication concerne plutôt des **événements majeurs** qui jalonnent la vie du projet (lancement du projet, constitution de l'équipe projet, préparation de la phase de déploiement...).

  Quatre composantes de base constituent la trame du plan de communication :

  - Les **cibles** : c'est-à-dire, les destinataires de l'information. Ceux-ci varient en fonction de la nature de l'information, de l'instant, de l'avancement du projet, des enjeux en présence... La nature de la cible détermine différents facteurs à prendre en compte (leur degré d'impact dans le projet, le degré d'intérêt, les résistances éventuelles, le langage lié à la culture...) qui vont eux-mêmes orienter le processus de communication. Identifier la cible consiste à répondre à la question : « À qui s'adresse l'information que je souhaite transmettre ? »

  - Les **objectifs** : il s'agit ici des objectifs de la communication envisagée. Ils doivent être formulés en termes de résultats à atteindre à la fin du processus de communication, c'est-à-dire sous forme d'un phénomène visible que l'on pourra constater. L'objectif doit être formulé du point de vue du destinataire (ex. : j'ai compris le contenu et les limites du rôle que je dois jouer dans le projet).

- Les **messages** : ce sont les éléments diffusés auprès des cibles. Il s'agit des contenus, des informations que l'on souhaite transmettre pour pouvoir atteindre les objectifs précédemment définis. Ces messages doivent également être adaptés aux cibles définies. Il s'agit de répondre à la question : « Quels éléments indispensables devons-nous communiquer pour que les objectifs de communication soient atteints auprès des cibles ? »
- Les **moyens** : il s'agit ici de définir la forme, le canal le plus adapté pour diffuser le message vers les cibles, pour que les objectifs soient atteints. Il s'agit de répondre à la question : « Quel est le moyen le plus pertinent pour que les cibles comprennent l'information qui leur est destinée ? »

Ces composantes peuvent être formalisées de la manière suivante :

Nom du projet : **Date :**			**Étape :** **Objectif de l'étape :**		
Cibles	**Objectifs**	**Messages**	**Moyens**	**Responsable**	**Date**
Destinataires par groupe cible	Le résultat attendu de la communication	Le contenu dont on estime qu'il permettra d'atteindre l'objectif	Formes et moyens utilisés pour réaliser la communication	Une personne qui est à un niveau élevé de responsabilité	Une date un mome[illegible] crucial d[illegible] projet

■ Pour le projet tableau de bord, le plan de communication intègre des phases telles que :

- **L'annonce du projet** en lui-même : c'est l'acte de naissance du projet. Au moins deux aspects doivent en être communiqués :
  - la décision de réaliser un tableau de bord, en développant les objectifs du dispositif (qu'est-ce que l'on en attend ?...) ;
  - les modalités de réalisation du projet (démarche, acteurs concernés et mode d'implication prévu, planification prévisionnelle...).

Généralement, il est préférable de recueillir les réactions des auditeurs.

- **La réunion de constitution** de l'équipe projet : acteurs privilégiés, ils ont droit à une information de première main ! Il s'agit ici de préciser les modalités plus particulières de travail et de créer la dynamique de groupe.
- **L'information d'avancement** du projet à fournir au reste de la structure : le moyen peut en être une communication institutionnelle dédiée spécifiquement à ce projet (« la lettre du tableau de bord », par exemple), où seront communiqués les faits marquants des travaux de l'équipe projet. Attention à la langue de bois ! Les destinataires ne sont pas dupes…
- La **réunion de présentation** du dispositif : sous la forme d'une première maquette ou d'un dispositif définitif, il s'agit de rendre visible le « produit » tant attendu. Une démonstration commentée allant jusqu'aux conclusions d'actions permet aux destinataires de mesurer la portée de l'ensemble du dispositif.

■ Quelques conseils pour mieux communiquer dans un projet :

- Choisir les termes de manière compréhensible par tous. Éviter les jargons professionnels : même au sein d'une même entreprise, ils peuvent ne pas être compris par tous les membres d'une équipe pluridisciplinaire.
- En communication écrite, faire des phrases brèves. Ménager plusieurs niveaux de lecture en utilisant les titres et les chapeaux.
- Rappeler l'état d'avancement du projet (recadrage) et ce que sera l'étape suivante.
- Donner une évaluation du travail qui reste à faire, rappeler les échéances majeures.
- Tenir informées les différentes parties du travail des autres, aussi bien sur l'avancement normal que sur les problèmes, les retards, les difficultés rencontrées.
- En cas de difficultés, adopter une communication basée sur la résolution de problème.
- En matière de choix, rappeler les différentes solutions qui se présentent et leurs conséquences possibles. En matière d'action, rappeler les objectifs poursuivis avant les modalités prévues.

FICHE N°19 – LE SYNOPTIQUE DU PROJET « TABLEAU DE BORD »

Objet : Proposer les principales phases pour élaborer le tableau de bord

Problématique

Contrairement à ce que d'aucuns pensent, le tableau de bord ne consiste pas à définir des indicateurs en quelques réunions, ou sous la pression du quotidien. La mise en place d'un tableau de bord est un véritable projet qui nécessite du temps. Bien des responsables qui s'engagent dans ce travail manquent de repères pour réaliser un travail efficace.

Quelles principales étapes doit-on suivre pour élaborer un tableau de bord ?

Idées clés

- ✓ Le synoptique d'un projet tableau de bord propose aux différents acteurs le chemin à parcourir.
- ✓ L'aspect visuel du synoptique facilite l'appréhension des séquences de travail et le repérage dans l'action.
- ✓ Rappelons qu'un projet comporte 3 temps forts : initier, réaliser, clore le projet !

- Le synoptique d'un projet consiste à visualiser le déroulement des travaux à réaliser. Il donne à son utilisateur une vision d'ensemble de ce qui doit être fait. Ce dernier peut ainsi anticiper certains travaux à réaliser, mais aussi, dans le cœur de l'action, savoir où il en est.
- Appliqué au domaine du tableau de bord, le synoptique décrit l'enchaînement des phases et étapes nécessaires pour élaborer le dispositif visé, jusqu'à son exploitation concrète. C'est une sorte de « guide line », de main courante. Il se compose généralement :

- d'une **représentation schématique** de la démarche : l'objectif recherché est de visualiser l'enchaînement des séquences de travail ; *Voir ci-après synoptique*
- d'un **descriptif détaillé** : *manuel méthodologique* qui décrit en détail ce qu'il faut faire. *Voir chapitre 3, p. 75*

■ Un synoptique fait apparaître les **3 temps** forts d'un projet : l'initialisation, la réalisation et la clôture. Ces trois aspects forment un tout indissociable : ils constituent en quelque sorte le cycle de vie du projet.

■ Minimiser l'importance d'une de ces séquences fait peser un risque important sur la bonne fin du projet tableau de bord. Voici les écueils très souvent rencontrés :

- Une **sous-estimation** de la phase **d'initialisation** : certains pensent qu'une simple lettre d'information génère une adhésion au projet. La réalité démontre le contraire, surtout en matière de tableau de bord. L'économie à court terme se paie sur le long terme ! Une *communication* adaptée est indispensable pour obtenir une implication optimale des acteurs. *Voir fiche 18, p. 64*
- **L'absence** de la phase de **clôture** : la pression du quotidien, le désintérêt, sont les deux principales causes d'un tel constat. Il ne suffit pas que le tableau de bord soit opérationnel : il est important d'*évaluer les résultats* du projet et de donner à chaque acteur du projet une reconnaissance de sa participation. *Voir fiche 20, p. 71*

Démarche pour élaborer le tableau de bord

Phase 1 Définir les objectifs de contrôle	**Étape 1**	Identifier les missions du système	fiche n°22
	Étape 2	Identifier les évolutions du contexte du système	fiche n°23
	Étape 3	Définir les priorités de contrôle	fiche n°24
	Étape 4	Définir les objectifs de contrôle	fiche n°25

Phase 2 Définir les indicateurs	**Étape 1**	Identifier les indicateurs possibles	fiche n°27
	Étape 2	Choisir les indicateurs	fiche n°28
	Étape 3	Définir précisément les indicateurs retenus	fiche n°29
	Étape 4	Valider la cohérence du système de contrôle	fiche n°30

Phase 3 Définir les indices de contrôle	**Étape 1**	Identifier l'historique de contrôle	fiche n°32
	Étape 2	Définir la fourchette de tolérance	fiche n°33
	Étape 3	Définir les modes d'obtention des données	fiche n°34
	Étape 4	Formaliser le dictionnaire des indicateurs	fiche n°35

Phase 4 Mettre en forme le tableau de bord	**Étape 1**	Définir la maquette	fiche n°37
	Étape 2	Élaborer un prototype	fiche n°38
	Étape 3	Tester le prototype	fiche n°39
	Étape 4	Valider les résultats	fiche n°40

Phase 5 Exploiter le tableau de bord	**Étape 1**	Collecter les données	fiche n°42
	Étape 2	Interpréter les résultats de synthèse	fiche n°43
	Étape 3	Définir les actions correctives	fiche n°44
	Étape 4	Faire évoluer le tableau de bord	fiche n°45

Fiche N°20 – Clore le projet « tableau de bord »

Objet : proposer les principes d'action pour la phase de clôture du projet tableau de bord

Problématique

À défaut d'être mort-nés, certains projets sont éternels… et n'ont jamais de fin officielle. Il s'ensuit des difficultés de suivi, les différents acteurs ne sachant pas qui doit faire quoi, ni ce qui ressortit à la maintenance ou à l'évolution du dispositif. Le tableau de bord doit être opérationnel, un jour !

Quelles actions doit-on développer pour marquer la fin du projet tableau de bord ?

Idées clés

- ✓ Un projet n'est pas éternel ! Il a un début et une fin.
- ✓ Le bilan de projet est destiné à évaluer l'atteinte des objectifs et à en tirer des enseignements profitables.
- ✓ La fin d'un projet entraîne un processus de « deuil ».
- ✓ La convivialité doit être de mise pour réussir la fin d'un projet.

- La phase de clôture d'un projet marque de manière **officielle** l'achèvement d'un projet. Un projet a un début et une fin. Le tableau de bord n'échappe pas à cette règle : l'investissement des acteurs doit s'achever un jour pour que le dispositif soit opérationnel.
- Les actions initiées lors de cette phase participent du principe de « **deuil** » d'un projet (processus d'acceptation face à un événement difficile). L'ampleur du projet tableau de bord (ensemble de la structure ou simple secteur de l'entreprise) entraîne une mobilisation plus ou moins forte

des acteurs (quelques jours par semaine, ou quelques mois en continu). Des types de relations non traditionnelles s'instaurent (hors hiérarchie, notamment), un esprit particulier se développe entre les acteurs autour du projet. Passer à « autre chose » ou revenir dans son quotidien peut être ressenti plus ou moins douloureusement par certains acteurs.

- Clore un projet consiste à réaliser deux aspects principaux :
  - **évaluer les résultats** obtenus et les **effets** du projet : il s'agit de communiquer autour du fonctionnement du dispositif mis en place. Pour le projet tableau de bord, cela consiste à évaluer l'adéquation des premiers résultats au regard de l'action. Les présentations du dispositif dans son fonctionnement courant, des premiers indicateurs « réels » et leur interprétation, des pistes de réflexion dégagées..., sont des items pouvant servir de support à la communication. Ces aspects sont à compléter avec les enseignements tirés de la réalisation du projet proprement dit (ce qui s'est bien passé, ce qui a été plus difficile). Chaque acteur peut s'identifier à ce qu'il a pu constater au cours des travaux réels.
  - **Officialiser la fin du projet** : le dispositif tableau de bord est opérationnel. Son fonctionnement est maintenant intégré dans le système d'information courant de la structure. Il est temps de mettre fin à l'investissement des acteurs... en les remerciant de leur participation. Cette reconnaissance officielle, notamment par la hiérarchie, constitue un signe généralement apprécié par ceux auxquels elle s'adresse.
- La phase de clôture s'achève généralement par une **séquence conviviale** où chaque acteur peut échanger quelques propos avec ses collègues dans un cadre informel. Buffet ou simple « pot » constituent le sas de décompression ultime avant la fin réelle de l'aventure !

Chapitre 3

Une méthode pour concevoir son tableau de bord

Fiche N°21 – PHASE I – DÉFINIR LES OBJECTIFS DE CONTRÔLE

Objet : identifier les missions spécifiques de l'unité et les décliner en objectifs

Problématique

La démarche souvent employée pour élaborer un tableau de bord consiste à définir directement des indicateurs. Cette approche est risquée, dans la mesure où les indicateurs identifiés sont rarement cohérents avec le contexte et les objectifs de la structure.

Il s'agit donc de mener au préalable une réflexion sur les missions et les objectifs de la structure afin d'identifier les aspects qu'il faut contrôler.

Idées clés

- ✓ Il faut aborder cette phase en se posant la question suivante : « Quels sont les domaines de fonctionnement prioritaires et sur lesquels je dois focaliser mon attention ? »
- ✓ Visualiser l'unité dans son contexte.
- ✓ Noter toutes les idées d'indicateurs qui peuvent surgir au cours de cette réflexion. La créativité n'étant pas un processus linéaire, il faut faire en sorte d'avoir l'esprit libre !
- ✓ Le dialogue et la confrontation constituent les clés de la réussite de cette phase : il faut savoir faire parler sa hiérarchie !

- ■ La recherche directe des indicateurs produit un résultat trop superficiel et subjectif. Cette démarche conduit généralement le responsable à laisser dans l'ombre des aspects déterminants quant à la maîtrise du système.

- La conception du tableau de bord commence donc par une étape approfondie relative au fonctionnement de l'unité. Cette approche garantit une meilleure adéquation de l'outil aux besoins de gestion du responsable.
- La démarche vise à réaliser une approche « en entonnoir », en partant d'une analyse des missions du système, pour définir ensuite la **nature** et le **degré** de **priorité** des domaines à contrôler. Les principales étapes en sont :
  - Étape 1 : identifier les missions du système
  - Étape 2 : identifier les évolutions du contexte du système
  - Étape 3 : identifier les priorités de contrôle
  - Étape 4 : définir les objectifs de contrôle
- La qualité du résultat est en proportion de la capacité à être le plus factuel et le plus précis possible.
- Cette phase permet au responsable d'approfondir sa propre connaissance du système qu'il gère. Il en résulte très souvent une remise en cause de la représentation qu'il pouvait avoir du fonctionnement de son unité, notamment en matière de priorités.
- La validation avec la hiérarchie des éléments issus de la réflexion, puis la communication ultérieure de ces mêmes éléments aux agents de l'unité, participent de l'évolution du mode de management.

Fiche N°22 – Étape 1 – Identifier les missions de la structure

Objet : proposer un guide pour analyser une structure et clarifier ses missions

Problématique

Les difficultés rencontrées par certains managers ont pour origine la perte de la conscience des finalités de la structure. Améliorer les résultats d'un système suppose en préalable que l'on soit clair sur les buts qui lui sont fixés. Les indicateurs d'un tableau de bord sont là pour aider le responsable à vérifier que ses actions sont bien conformes aux buts assignés.

Comment définir les missions d'un système ?

Idées clés

- ✓ Ne pas confondre « mission » et « activité ».
- ✓ Le recours à des outils existants (fiches de fonction, par exemple) facilite la définition des missions.
- ✓ Il faut toujours se référer à la documentation sur la stratégie de l'entreprise : c'est là que se trouvent les gisements de missions.
- ✓ Penser à valider le contenu de la mission avec sa hiérarchie

- ■ L'objectif de cette étape est de clarifier et formaliser les **raisons d'être** de l'unité. Ces raisons d'être traduisent les orientations politiques données à un secteur.
- ■ Pour définir sa mission, deux approches sont envisageables :
  - L'approche **directe** : il s'agit de se questionner sans faire référence aux activités réalisées.
  - L'approche **détournée** : il s'agit d'utiliser les transformations effectuées (par référence aux activités) pour déterminer le niveau fonctionnel des missions.

- Définir sa mission par approche directe :
  - Recueillir les éléments relatifs à la stratégie de l'entreprise.
  - Décliner ces éléments dans le domaine d'activité concerné.
  - Identifier les priorités.
  - Se poser les questions suivantes :
    - Quelle est la raison d'être de mon unité ?
    - Si mon unité n'existait pas, quelles seraient les conséquences pour l'entreprise ?
    - Quelles sont les évolutions majeures, internes et/ou externes, qui influencent le fonctionnement de mon unité ?
  - Formuler une première proposition (en termes de contribution : permettre..., veiller..., contribuer à...).
  - Retravailler cette proposition avec sa hiérarchie.
- Définir sa mission par approche détournée :
  - Utiliser le tableau des transformations (inspiré de la représentation systémique) :
    - identifier les entrées (événements déclenchants)
    - identifier les activités
    - définir la transformation
    - identifier la sortie
  - Identifier la mission en se posant les questions suivantes :
    - Quelle est l'utilité de cette transformation ?
    - À qui cette « sortie » est-elle utile ? et pour quoi faire ?

Entrées	Activités	Transformations	Sorties	Missions

- Valider la formulation de la mission :
  - Rechercher toute référence à un procédé ou à une activité.
  - Reformuler le cas échéant.
- Valider le contenu de la mission avec son responsable hiérarchique. Certaines missions correspondent à des aspects permanents (liés à l'existence même de l'unité), d'autres à des aspects ponctuels (liés à des éléments conjoncturels).
- Cette recherche débouche généralement sur deux types de missions : celles, **permanentes**, qui fondent l'existence même du système, et celles, **temporaires**, qui sont liées à des éléments de contexte ou des projets.

Fiche N°23 – Étape 2 – Identifier les évolutions du contexte de la structure

Objet : repérer les modifications de l'environnement de la structure et identifier leurs impacts

Problématique

Le contexte est porteur d'évolutions qui peuvent avoir des impacts forts sur le fonctionnement de l'unité. Si l'on ne prend pas en compte ces évolutions, le tableau de bord risque d'être inadapté aux impératifs de gestion, en n'incluant pas d'indicateurs centrés sur des facteurs émergents.

Comment identifier les évolutions de contexte et intégrer leurs composantes dans le tableau de bord ?

Idées clés

- ✓ Un système est en relation avec son contexte.
- ✓ Le contexte implique une idée de « tissage » : un système est donc en relation avec des composantes internes et externes qui interagissent.
- ✓ Certaines évolutions ont des conséquences fortes sur le développement d'un système : elles devront être suivies par des indicateurs.
- ✓ Identifier les évolutions de contexte permet de se distancier par rapport au fonctionnement quotidien d'un système. Il en résulte une meilleure connaissance de ce dernier.

■ La notion de contexte est déterminante dans la vie d'un système. Les **variations** de l'environnement ont des impacts favorables (**opportunités**) ou défavorables (**menaces**) sur le développement du système concerné. Ces variations de contexte entraînent parfois des modifications des missions dévolues à l'unité.

- L'actualité nous fournit chaque jour des exemples d'incidence du contexte sur le fonctionnement des entreprises (une baisse de confiance dans la santé des entreprises d'un secteur d'activité donné se traduit par des tensions sur les marchés financiers, qui entraînent à leur tour une baisse des flux financiers...).

- Le responsable exprime le **besoin** d'obtenir suffisamment tôt des informations sur des domaines sensibles pour être en mesure :
  - d'une part, d'évaluer les conséquences sur le système qu'il gère,
  - d'autre part, de développer les actions destinées à absorber les incidences de ces impacts.

Nous retrouvons ici la notion de « veille », qui constitue l'une des facettes du métier de responsable. En matière de tableau de bord, il s'agit donc de traduire les informations sensibles en indicateurs.

- Pour identifier les évolutions de contexte, la démarche suivante peut être suivie :
  - Dresser la **cartographie** de l'environnement du système étudié (connaître les composantes du système) :
    - positionner le système au centre
    - positionner à la périphérie les différentes composantes internes et externes (partenaires, entreprises, moyens...) avec lesquelles le système étudié est en relation
    - identifier les flux échangés entre chaque composante et le système (nature des échanges, sens, fréquence...)
    - définir le domaine auquel se rapporte chaque flux (par exemple, à partir de la grille suivante : politique, commercial, réglementaire, technique, financier, social).

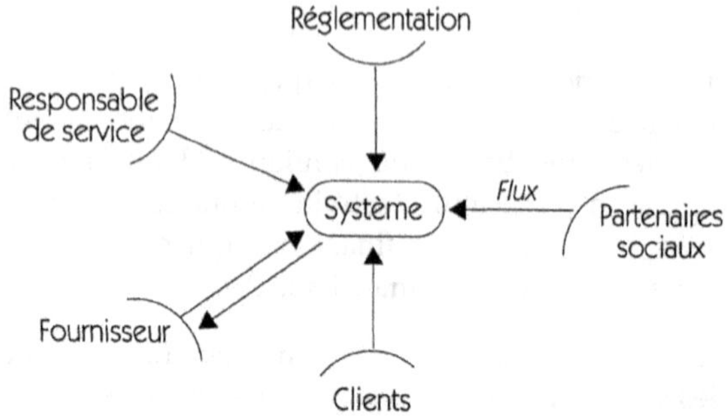

- Caractériser les **flux** échangés :
  - identifier la temporalité des évolutions : passées ou à venir, dans une échelle de temps variable (ex. : 6 mois à 2 ans)
  - identifier leur origine : externe, il s'ensuit une faible capacité d'influence, le système étudié étant généralement obligé de s'adapter – interne, la capacité d'influence est plus élevée, il faut étudier les paramètres d'action
  - caractériser l'évolution : opportunité, l'évolution représente un levier de changement favorable – menace, elle implique une adaptation qui, si elle n'est pas réalisée, entraîne des risques dommageables pour le système
  - définir leurs impacts sur le système : il s'agit d'identifier de la manière la plus concrète possible les conséquences favorables et/ou défavorables de l'évolution
  - évaluer le degré d'importance des évolutions sur le système étudié en se posant la question suivante : « Si une évolution se produit sur telle composante, mon unité est-elle faiblement/moyennement/fortement touchée ? » Les aspects d'un haut degré d'incidence devront probablement être intégrés dans le tableau de bord (à partir d'indicateurs soit permanents, soit temporaires).

■ Les évolutions de contexte peuvent être synthétisées au moyen du tableau suivant :

des évolutions	Origine		Type d'évolution		Impacts sur le système	Degré d'importance
	Externe	Interne	Opportunité	Menace		

Fiche N°24 – Étape 3 – Définir les priorités de contrôle

Objet : identifier les domaines sensibles qui doivent faire l'objet d'une mise sous contrôle

Problématique

En matière de tableau de bord, le principal danger réside dans l'inflation d'informations. Cela est d'autant plus vrai que les ressources technologiques fournissent en temps réel plusieurs dizaines de données. Conséquence paradoxale, le responsable risque d'être paralysé par les informations censées l'aider dans son action !

Comment trier parmi toutes les informations possibles pour concentrer le modèle sur les informations prioritaires ?

Idées clés

- ✓ L'attention du responsable ne peut se concentrer que sur un nombre réduit de paramètres déterminants.
- ✓ Le principe du degré d'importance (et donc l'expression des conséquences) constitue la voie pour définir les priorités.
- ✓ Les domaines sensibles peuvent avoir un caractère permanent (une activité courante) ou temporaire (une mission ponctuelle).
- ✓ Encore une fois, l'expression des éléments concrets constitue la voie la plus constructive.

Voir fiches 22, p. 77 et 23, p. 80

■ Les deux précédentes *étapes* caractérisent le fonctionnement du système et son contexte. Il s'agit maintenant de **prioriser** les domaines d'informations à suivre, pour retenir ceux qui sont représentatifs d'un enjeu.

- Le principe en est basé sur la définition du **degré d'importance** des domaines d'informations retenus, en s'interrogeant sur leur capacité à permettre l'atteinte (ou non) des objectifs stratégiques fixés. Ce sont ces domaines qui font ensuite l'objet de la recherche des *indicateurs*.

Voir fiche 26, p. 89

- La démarche consiste donc à s'interroger à partir des questions suivantes :
  - « Compte tenu des missions et des évolutions du contexte de mon système, sur quels domaines (ou évolutions) dois-je impérativement être informé ? »
  - « Le domaine (l'évolution) est-il (elle) un élément déterminant pour l'atteinte des objectifs stratégiques fixés ? »
  - Si oui, « quels sont les aspects clés qui rendent ce domaine (ou cette évolution) déterminant(e) ? ». Ces aspects doivent être définis de la manière la plus concrète possible afin de bien évaluer le degré d'importance.
- Ce travail peut être complété par la hiérarchisation des domaines retenus comme prioritaires. La matrice des tris *croisés* facilite alors ce travail.

Voir fiche 28, p. 94

Le tableau suivant, qui sera complété dans la dernière étape par la définition des objectifs de contrôle, formalise le résultat de la réflexion :

Domaine (ou évolution) concerné(e)	**Priorité**		**Argument justifiant le degré de priorité**		
	Oui	Non			

- Ce travail nécessite une extrême implication. Réalisé en groupe dans le cadre d'une démarche de service, il aboutit à un **partage de représentation** déterminant quant à la vision du mode de fonctionnement du service. Il a également le mérite de faire réfléchir les décideurs sur les **paramètres** qui conditionnent le bon fonctionnement de l'unité.

Fiche N°25 – Étape 4 – Définir les objectifs de contrôle

Objet : définir précisément les objectifs

Problématique

L'un des aspects du pilotage consiste à connaître sa destination. Le tableau de bord est précisément destiné à faciliter l'orientation du responsable vers les buts qu'il s'est fixés. Sans objectifs, la route est plus difficile. En termes de tableau de bord, le choix des indicateurs est d'autant plus facile que la destination et son contexte sont déterminés avec précision.

Comment définir les objectifs de contrôle ?

Idées clés

- ✓ Un objectif est un résultat que l'on veut atteindre à une date donnée.
- ✓ La définition des objectifs est facilitée par le recours au brainstorming.
- ✓ Il faut veiller à la cohérence d'ensemble : valider la forme, puis réaliser un bouclage avec les axes stratégiques.
- ✓ Travailler en groupe pour définir les objectifs est une voie d'évolution de l'ensemble des acteurs de la structure.

■ Le responsable a maintenant une vision précise des domaines d'informations qu'il doit suivre s'il veut atteindre les buts fixés. Il s'agit dès lors de préciser la portée des **performances** qu'il souhaite atteindre. Tel est le but de la dernière étape : définir les objectifs de contrôle.

- Définir les objectifs de contrôle consiste à situer le niveau de performance visé : il s'agit donc de **qualifier** cette performance, et de la **quantifier**. Ces deux éléments sont déterminants, non seulement pour définir les indicateurs, mais surtout pour exploiter le tableau de bord (cf. les seuils d'alerte).

- Rappelons ici qu'un objectif se *définit* comme un **résultat** (il est visible, ses effets peuvent être constatés) **qualifié** (il se réfère à une nature définie), **quantifié** (il est mesurable) et **échéancé** (son atteinte est fixée à une date donnée).

Voir fiche 10, p. 36

- Pour chaque domaine d'information considéré comme *prioritaire,* il s'agit de définir l'objectif de contrôle en intégrant les éléments suivants :

Voir fiche 24, p. 84

  - **nature** : elle est formulée de manière active, en utilisant le présent intemporel (cela permet de se projeter dans une réalité à venir). Exemple : le montant des dossiers en contentieux n'excède pas...
  - **mesure** : le niveau de performance se définit en termes de critères (volumes, coûts, délais...). Dans l'exemple proposé, le critère est le montant (exprimé en K€).
  - **échéance** : la date à laquelle l'objectif doit être atteint.
  - **variation** : plage de tolérance acceptée pour considérer l'objectif comme atteint au regard d'événements ayant trait au contexte.

- La démarche peut être réalisée en deux étapes :

  - Formuler les objectifs possibles : véritable travail de créativité (type brainstorming), il s'agit d'y privilégier la quantité à la qualité de la formulation de l'objectif, sachant qu'à travers les formulations, des pistes de priorités peuvent être précisées.
  - Choisir et reformuler l'objectif : travail d'élimination et de précision qui a pour finalité de retenir l'objectif définitif. Une étape de validation formelle permet de s'assurer de la présence de tous les paramètres (cf. supra).

    ▸ Le tableau initié à l'étape précédente peut alors être complété :

Domaine (ou évolution) concerné(e)	Priorité		Argument justifiant le degré de priorité	Objectifs de contrôle	
	Oui	Non			

- La difficulté généralement rencontrée par les responsables réside dans la capacité à quantifier le niveau de performance. Trop souvent, les objectifs ne sont exprimés que par leur seule dimension qualitative (ex. : améliorer l'accueil). La validation formelle évoquée précédemment est destinée à éviter cet écueil.
- Un dernier travail consiste à rapprocher les objectifs définis avec les axes stratégiques. Cela permet de valider la cohérence des objectifs retenus et de conserver une vision de l'évolution de la structure.

Fiche N°26 – Phase 2 – Définir les indicateurs

Objet : présenter les objectifs et le contenu de cette phase

Problématique

Cette phase constitue pour beaucoup le noyau de la démarche d'élaboration du tableau de bord. Bien qu'importante, elle n'est qu'une étape d'un processus global. Proposer des indicateurs pour n'en retenir que les plus pertinents n'est pas un travail aisé. Différents obstacles peuvent se mettre en travers de la route du responsable.

Là encore, la rigueur s'impose.

Idées clés

- ✓ « Soyez créatifs ! » : les indicateurs les plus naturels ne sont pas forcément les plus pertinents.
- ✓ La dimension concrète de l'indicateur doit être sans cesse présente à l'esprit du responsable.
- ✓ Un indicateur trop abstrait et compliqué à obtenir est une source de conflits à venir.
- ✓ En résumé : faire simple et concret !

- La phase précédente amène le responsable (et son équipe) à définir un **cadre** de réflexion : les priorités sont maintenant connues de tous, et précisées de manière **explicite**.
- Contrairement à ce que l'on pourrait penser, la recherche des indicateurs n'est pas pour autant bridée. Paradoxe de la limite ! La liberté se dessine plus facilement à l'intérieur de limites connues.
- Au cours de cette phase, le responsable complète son dispositif de contrôle à partir de « **témoins** » : les **indicateurs**. Cette phase de travail, extrêmement riche à la

fois en termes techniques (la maîtrise du fonctionnement du système s'en trouve renforcée) et relationnels (l'approche participative est un pré-requis pour mener cette phase), fait apparaître un risque majeur : l'abstraction.

■ À partir d'un travail **créatif** sur l'identification des indicateurs, le responsable **cible** progressivement les éléments qui vont lui permettre de mieux **maîtriser** son système. Les étapes qui structurent cette phase sont les suivantes :

- **Étape 1** : identifier les indicateurs possibles
- **Étape 2** : choisir les indicateurs
- **Étape 3** : définir précisément les indicateurs retenus
- **Étape 4** : valider la cohérence du système de contrôle.

Fiche N°27 – Étape 1 – Identifier les indicateurs possibles

Objet : proposer une démarche pour inventorier les indicateurs potentiels

Problématique

La recherche des indicateurs constitue l'étape clé de la réussite du dispositif de contrôle, à condition de ne pas se limiter trop rapidement aux indicateurs « naturels » (ceux qui viennent immédiatement à l'esprit). L'adéquation du futur tableau de bord aux besoins de son responsable sera d'autant plus optimale que l'éventail de choix des indicateurs sera large.

Comment identifier le plus d'indicateurs possibles en relation avec les priorités de contrôle ?

Idées clés

- ✓ N'hésitez pas à « piller » les idées des autres : ne pas oublier de rechercher des informations à l'extérieur (banques de données...).
- ✓ « Vider son sac »... d'idées ! La recherche des indicateurs revêt une dimension de « purge » et de créativité.
- ✓ Le travail de groupe crée une dynamique de production incomparable : la maxime « 1 + 1 > 2 » trouve ici son illustration.
- ✓ Ne soyez pas rationnel trop tôt ! D'autres étapes ont pour but de recentrer ultérieurement la production sur les réalités de contrôle.

■ Le tableau de bord vise à ne retenir qu'un nombre réduit d'indicateurs significatifs. Ceux-ci ne surgissent hélas pas de manière spontanée dans un laps de temps réduit : leur définition résulte d'une **sélection progressive** à partir d'une démarche de **créativité**. Dans un premier temps, la **quantité** doit primer sur la qualité.

- Avant de se lancer dans un travail de production d'indicateurs, il est bon de s'enquérir des informations déjà existantes sur le sujet. Une approche de type « **benchmark** » constitue une première voie intéressante : « Quels indicateurs sont généralement utilisés par d'autres structures sur la même thématique ? » Cette approche constitue pour nous une simple voie d'inspiration : un indicateur doit être défini précisément en tenant compte d'un *contexte*.

Voir fiche 29, p. 98

- Le brainstorming est un outil idéal pour procéder à cette étape. En l'appliquant à la démarche tableau de bord, la recherche se déroule de la manière suivante :
  - Étape de **production** : il s'agit de proposer un maximum d'indicateurs, de manière spontanée, sans se censurer :
    - Le travail est initié à l'aide d'une question d'appel du type : « Compte tenu des priorités de contrôle définies précédemment, quels sont les indicateurs susceptibles de refléter le bon fonctionnement du système ?... »
    - Une formulation de type « **inversion** » peut également faciliter l'émergence d'indicateurs (« ... indicateurs susceptibles de refléter un dysfonctionnement du système ?... »).
    - Toutes les idées sont notées fidèlement sur un paper-board pour être approfondies dans l'étape suivante.
    - L'utilisation du schéma *systémique* offre de bonnes pistes de travail.

Voir fiche 5, p. 16

  - Étape **d'approfondissement** : à partir des propositions formulées, il s'agit de compléter la liste d'indicateurs :
    - On affiche les indicateurs déjà trouvés sur un premier paper-board. Un second paper-board sera utilisé pour indiquer les nouveaux indicateurs.
    - L'animateur de la séance de travail reprend un à un les indicateurs, en demandant aux participants de proposer d'autres idées : « Quels autres indicateurs peuvent être induits par celui-ci ?... »

- De la même manière que précédemment, toutes les idées sont notées.
- Il est préférable de réaliser cette séquence quelques jours après la première séance de production : l'inconscient a travaillé, des idées nouvelles ont pu se faire jour.

- Étape de **synthèse** : les indicateurs sont regroupés en fonction des objectifs de contrôle :
  - Ce travail permet d'avoir une vision globale des différents indicateurs par domaine. Certains domaines peuvent se révéler pauvres en propositions : il est donc nécessaire de les enrichir en recherchant éventuellement d'autres indicateurs.
  - Une formalisation à partir du tableau suivant constitue un bon support de travail et de communication :

Objectif de contrôle	Indicateurs possibles	Observations
Objectif 1	Ind. 1 Ind. 2 …	
Objectif 2	Ind. 3 Ind. 4 Ind. 5	
…	…	

- Cette étape de travail doit se dérouler dans un esprit de liberté : toutes les propositions sont bonnes. Il ne s'agit donc pas de se censurer sous prétexte que la réalisation technique n'est pas facile ou possible : cet aspect sera vu ultérieurement.
- L'animateur veillera à ce que les propositions ne se rapportent pas qu'aux aspects financiers ou aux indicateurs ayant déjà cours dans l'entreprise : la nouveauté peut être bénéfique pour la *structure*. À lui de relancer la production du groupe sur de nouvelles pistes, à partir de questions semi-directives (ex. : « Si nous ne pouvons pas utiliser les indicateurs déjà proposés, comment pourrions-nous mesurer tel domaine ?… »).

Voir fiche 48

Fiche N°28 – Étape 2 – Choisir les indicateurs

Objet : sélectionner les indicateurs à inclure dans le dispositif de contrôle

Problématique

Le responsable ne peut intégrer tous les indicateurs qu'il a recensés dans le tableau de bord. S'il veut conserver une dimension opérationnelle au dispositif, il doit limiter leur nombre, et décider d'abandonner certains indicateurs au profit d'autres. Cette opération n'est pas aussi simple que cela : pourquoi retenir tel indicateur plutôt qu'un autre ?

Comment sélectionner les indicateurs ?

Idées clés

- ✓ Soyez impitoyables dans votre démarche de sélection : peu d'indicateurs valent mieux qu'une pléthore inexploitable.
- ✓ Les outils de prises de décision sont une aide précieuse. Ils ne se substituent cependant pas à votre capacité décisionnelle.
- ✓ Faites-vous aider pour la sélection : plusieurs avis valent mieux qu'un.
- ✓ Un choix n'est jamais neutre ! Il reflète une sensibilité à un instant donné.

■ Le tableau de bord reflète, dans une certaine mesure, la vision que porte le responsable sur le système qu'il gère. Choisir un indicateur est un acte de **décision** majeur. Ce choix inclut une dimension de partialité : le choix d'un indicateur n'est donc pas **neutre** et implique des **conséquences**. C'est en effet à partir de cet indicateur que des actions seront déclenchées.

- La difficulté quant au choix d'un indicateur, c'est de veiller à ne pas sur (ou sous) évaluer l'importance d'un indicateur, sous peine de fausser le caractère opérationnel du système. Une meilleure connaissance des ressorts personnels en matière de *prise de décision* est un facteur de qualité dans le travail de sélection.

Voir fiches 62, p. 221 et 63, p. 227

- La notion de choix induit celle de modalités : sur quelles bases retenir tel indicateur plutôt que tel autre ? Deux voies peuvent être utilisées :

  - La méthode des **critères** : elle consiste à définir des **critères**, chaque indicateur étant noté selon le degré de satisfaction au(x) critère(s) définis.

  - La méthode des **tris croisés** : chaque indicateur est systématiquement comparé avec les autres, en indiquant son degré d'importance.

- Pour réaliser une sélection selon la **méthode des critères** :

  - Identifier les critères possibles (ex. : facilité d'obtention, adéquation avec l'objectif de mesure, pérennité...). Cette étape constitue en elle-même un vrai travail, puisqu'elle est en relation directe avec les objectifs de contrôle.

  - Affecter si besoin est une pondération à un ou plusieurs critères. Par exemple, si la facilité d'obtention est primordiale pour le responsable (éviter de mettre en place une mécanique complexe de calcul), il peut décider d'affecter un coefficient 2 ou 3 à ce critère. Attention ! Le poids accordé confère au critère concerné un caractère discriminant.

  - Noter les indicateurs selon les critères : le responsable et son équipe notent individuellement chaque indicateur. Le vote individuel permet d'éviter les influences réciproques.

  - Dépouiller les résultats en indiquant pour chaque indicateur et chaque critère les notes affectées.

  - Réaliser les totaux en tenant compte des pondérations éventuelles.

• Dépouiller les scores. Théoriquement, les indicateurs ayant le plus grand total sont ceux à retenir. Toutefois, il est utile de rapprocher le score des résultats individuels recueillis : l'un des participants au vote peut avoir une expérience à faire valoir dans le groupe.

Exemple :

Indicateur	**Critère 1**	**Critère 2 (X 3)**	**Total**
Ind. no 1	3 ; 3 ; 3 ; 1 = 10	5 ; 5 ; 3 ; 1 = 14 x 3 : 42	52
Ind. no 2	1 ; 1 ; 1 ; 1 = 4	1 ; 3 ; 3 ; 1 = 8 x 3 : 24	28
Ind. no 3	3 ; 3 ; 1 ; 1 = 8	3 ; 3 ; 3 ; 3 = 12 x 3 : 36	44

Le critère n° 2 est pondéré par un coefficient « 3 » pour marquer son importance. Chaque participant (4 au total) a noté chacun des indicateurs selon les 2 critères. On constate que l'indicateur n° 1 est celui qui obtient le plus gros score. Il doit donc être retenu, mais après avoir écouté la personne qui a affecté la note « 1 » au critère 2.

■ Pour réaliser une sélection selon la méthode des **tris croisés** :

• construire un tableau à double entrée : les indicateurs sont reportés à la fois en ligne et en colonne.

• considérer un indicateur mentionné sur une ligne et le rapprocher d'un autre indicateur mentionné dans une colonne, en se posant la question : « L'indicateur X... est-il : « beaucoup plus important que », « plus important que » ou « à peine plus important que » l'indicateur Y... ? »

• selon la réponse, deux valeurs sont mentionnées dans l'intersection ligne/colonne pour les indicateurs considérés. La première donnée représente l'indicateur retenu (X ou Y) ; la seconde, le niveau d'importance en résultant (5 pour « beaucoup plus important que », 3 pour « plus important que », 1 pour « à peine plus important que »).

• procéder à ce croisement de manière systématique.

• lorsque tous les indicateurs ont été « croisés » les uns avec les autres, il s'agit de totaliser le score de chaque indicateur.

- Exemple : considérons 5 indicateurs que nous dénommerons par I_1, I_2, I_3, I_4, I_5. Positionnons-les sur la matrice triangulaire :
  - Dans le rapprochement entre I_1 et I_2, I_2 est considéré comme « plus important que » I_1. On note donc à l'intersection ligne / colonne « $I_{2/3}$ ».
  - Le total de chaque indicateur est déterminé en additionnant les résultats de chaque croisement.

	I_2	I_3	I_4	I_5	TOTAL
I_1	$I_2/3$	$I_3/1$	$I_1/5$	$I_1/3$	5 + 3 = 8
	I_2	$I_3/1$	$I_2/3$	$I_5/1$	3 + 3 = 6
		I_3	$I_3/3$	$I_5/1$	1 + 1 + 3 = 5
			I_4	$I_4/5$	5
				I_5	1 + 1 = 2

Fiche N°29 – Étape 3 – Définir précisément les indicateurs

Objet : formaliser la définition de l'indicateur afin de ne laisser aucune ambiguïté sur sa finalité

Problématique

Les tableaux de bord peuvent être source de tensions : chacun « interprète » une information selon ses intérêts. La difficulté ne réside donc pas dans l'identification d'indicateurs, mais plus dans son utilisation ultérieure. Se pose alors le problème de la définition de l'indicateur.

Comment définir de manière précise le contenu des indicateurs ?

Idées clés

✓ Un indicateur est un instrument de langage, le tableau de bord un vecteur de dialogue : pour parler la même langue, un dictionnaire est très utile.
✓ La précision évite la confusion.
✓ Définir un indicateur en indiquant ses caractéristiques facilite le partage des constats, donc des actions à réaliser.
✓ Deux aspects doivent être considérés : que doit mesurer l'indicateur ? quelles sont les règles de calcul ?

■ Un indicateur est un instrument de **langage** particulier. Il constitue un signifiant pour des acteurs particuliers d'un système, le signifié les amenant à prendre des décisions d'action.

■ Pour être opérationnel, signifiant et signifié doivent être **identiques** pour les différentes personnes qui doivent les utiliser. Dans le cas contraire, l'échange risque d'être au mieux un quiproquo, au pire un dialogue de sourds, mais en aucun cas une discussion constructive.

■ Considérons, par exemple, le taux de turn-over. C'est un indicateur remarquable de la performance sociale au sein d'un établissement. Si le directeur des ressources humaines souhaite dialoguer avec un responsable d'unité sur cette problématique, ils doivent avoir une **représentation commune** de la définition de l'indicateur (ce qu'il est censé mesurer), de son mode de calcul et de ses impacts (que signifie un taux élevé en tant que symptôme ? quelles orientations d'actions revêt-il ?...).

■ Le responsable a tout intérêt à formaliser ces éléments dans un référentiel *unique*, accessible à tout interlocuteur. Outre les **clarifications** nécessaires pour engager un dialogue constructif, ce support constitue une « trace » indispensable pour assurer la **continuité** du dispositif de mesure dans le temps et entre acteurs.

Voir fiche 35, p. 115

■ Définir précisément un indicateur consiste à formaliser :

- ce qu'il est censé mesurer : éléments d'information générale, notamment le « pour... quoi ? » et le « pour... qui ? »:
  - la nature de la mesure
  - le destinataire de la mesure
  - l'objet mesuré
  - la périodicité
- comment cela est mesuré :
  - modalités de calcul
  - origine des données de calcul
  - fréquence de calcul
  - éléments d'analyse
- comment cela est représenté :
  - type de représentation graphique
  - symbole ou pictogramme de représentation
  - couleurs
  - indicateur de tendance
- comment les résultats sont interprétés :
  - mode de lecture
  - questions à se poser
  - pistes d'action en fonction des tendances

■ Ces éléments sont à la base de l'élaboration du « dictionnaire » des *indicateurs*.

Voir fiche 35, p. 115

Fiche N°30 – Étape 4 – Valider la cohérence du système de contrôle

Objet : valider la couverture des points sensibles avec des indicateurs adaptés

Problématique

La recherche des indicateurs procède d'une démarche de créativité. Malgré les jalons proposés par la phase I, « Définir les objectifs de contrôle », les pistes de recherche ont pu privilégier certains domaines de contrôle au détriment d'autres. Il peut donc exister un risque quant à la complétude et la cohérence du système de contrôle.

Comment valider la couverture des aspects sensibles identifiés ?

Idées clés

- ✓ Il convient d'aborder la validation avec une vision globale du système et de son fonctionnement.
- ✓ La remise en cause de certains indicateurs déjà identifiés est nécessaire : le tableau de bord résulte d'un travail itératif.
- ✓ L'approche graphique permet de mieux se rendre compte de la cohérence du système de contrôle.
- ✓ Par son approche critique, la validation constitue une nouvelle approche de lecture du fonctionnement de son système.

Voir fiche 24, p. 84

■ La recherche des *priorités de contrôle* a mis en évidence les points sensibles du système qui doivent être suivis. Chaque domaine et priorité doit donc être assorti d'un ou plusieurs indicateurs adaptés. Il s'agit de s'assurer de cette cohérence.

■ Le travail de mise en cohérence consiste à compléter le tableau élaboré en *phase I* selon la démarche suivante :

Voir fiche 25, p. 86

Domaine (ou évolution) concerné(e)	Priorité		Argument justifiant le degré de priorité	Objectifs de contrôle	Indicateurs
	Oui	Non			

- Reporter les indicateurs dans la dernière colonne du tableau (domaine par domaine, objectif par objectif).
- Procéder à une analyse critique du tableau en se posant les questions suivantes :
  - Quels sont les domaines **trop** couverts (ceux ayant un nombre d'indicateurs important) ? quels sont les niveaux de priorité affectés à ces domaines et indicateurs ? quels sont les indicateurs que l'on peut supprimer ? quelles sont les conséquences de ces suppressions ?
  - Quels sont les domaines **peu** couverts ? quels indicateurs supplémentaires peut-on définir ? quelle est la pertinence de ces nouveaux indicateurs ?
  - Concernant les indicateurs retenus : à quelle ***typologie*** se rapportent-ils ? n'y a-t-il pas trop d'indicateurs financiers ? quels autres indicateurs de nature différente pourraient être adjoints ? quelle serait la pertinence de ces nouveaux indicateurs ?

Voir fiche 48, p. 164

■ Ce travail de cohérence peut être complété par une représentation graphique du système :

- Formaliser sur un tableau une représentation simplifiée du *système étudié*. Un paper-board ou mieux du papier kraft fixé sur un mur constituent les supports le plus appropriés.
- Positionner sur le schéma les éléments du système : entrées, composantes de l'environnement externe, domaines et moyens internes de fonctionnement, sorties.

Voir fiche 5, p. 16

- Indiquer les intitulés des indicateurs sur des Post-it. Il est possible d'utiliser des Post-it de couleur différente, par exemple pour spécifier le degré de priorité du domaine à suivre ou bien la typologie de l'indicateur.
- Positionner les Post-it sur la représentation simplifiée du système.
- Évaluer visuellement le système de contrôle (positionnement des indicateurs, poids, nature, priorité, typologie).
- Le cas échéant, procéder à des ajustements.

■ L'approche critique fait apparaître parfois des situations extrêmes : soit trop d'indicateurs sur un ou plusieurs domaines, soit trop peu. Ces situations sont à considérer comme des clignotants. En effet, elles correspondent :

- soit à des aspects nouveaux sur lesquels il est nécessaire de porter son attention dans le contexte actuel, mais qui peuvent être mal connus par les acteurs du système ;
- soit à des domaines déjà connus mais qu'il s'agit d'envisager sous un autre éclairage (cf. typologie des indicateurs).

■ La **représentation graphique** est un moyen simple de mettre en évidence les interactions entre domaines et de situer leurs conséquences. Elle permet, non seulement de valider la cohérence (but recherché de cette étape), mais ouvre également la voie vers la *lecture globale* du tableau de bord.

Voir fiche 43, p. 144

Fiche N°31 – Phase 3 – Définir les indices de contrôle

Objet : présenter les objectifs et le contenu de cette phase

Problématique

L'information brute restituée par un indicateur n'a aucune valeur intrinsèque. Elle devient utile lorsqu'elle permet de situer certaines caractéristiques du système par rapport à des valeurs attendues.

Cette phase a pour objet de valider le cadre de référence à l'intérieur duquel les indicateurs trouveront une signification du point de vue de l'action.

Idées clés

- ✓ Définir les normes du système consiste à définir ses limites.
- ✓ L'approche critique sur les besoins et attentes facilitent la définition des normes (« ce que j'accepte /ce que je n'accepte pas »).
- ✓ Pour qu'elles soient opérationnelles, il est indispensable de valider le degré de réalisme des normes retenues.

■ La recherche des indicateurs est maintenant achevée. Le responsable est donc en mesure d'obtenir des informations. Pour qu'elles deviennent **opérationnelles**, il est indispensable de pouvoir les situer par rapport à une échelle de référence. Grand, petit, faible ou fort, ces références ne se déterminent que par rapport à quelque chose. C'est ce quelque chose qu'il faut pouvoir situer.

- Le responsable est donc amené à réfléchir sur les **limites** du système qu'il manage. Il se positionne sur ce qu'il veut, mais surtout sur ce qu'il ne veut pas. À travers ces limites, il pose un **cadre d'acceptation** du fonctionnement de son système pour lui et ses partenaires.
- L'essentiel du travail consiste à définir les **caractéristiques** du domaine mesuré. C'est donc une excellente voie pour s'ouvrir à une connaissance approfondie du système, grâce notamment à la recherche d'informations externes, mais aussi par une réflexion interne sur ce que l'on souhaite obtenir.
- Ces informations complètent les données de chaque indicateur. Elles permettent de finaliser la formalisation des fiches d'indicateurs.
- Voici les étapes qui structurent cette phase :
  - **Étape 1** : identifier l'historique de contrôle
  - **Étape 2** : définir les modes d'obtention des données
  - **Étape 3** : définir la fourchette de tolérance
  - **Étape 4** : formaliser le dictionnaire des indicateurs

Fiche N°32 – Étape 1 – Identifier l'historique de contrôle

Objet : définir l'intervalle de temps nécessaire pour obtenir des données pertinentes

Problématique

Le responsable n'a pas intérêt à intervenir à tout moment. Il doit faire preuve de réactivité, sans adopter de comportements réactionnels (réagir de manière automatique à chaque sollicitation). Sans action réfléchie, la stérilité et l'épuisement sont au rendez-vous. L'information doit donc être transmise dans un laps de temps adapté.

Comment déterminer la durée qui confère à l'information sa dimension significative ?

Idées clés

- ✓ Le tableau de bord vise à la réactivité : l'information doit être transmise au bon moment, après un laps de temps suffisant pour être significative.
- ✓ Tout comme un capitaine de navire, il ne s'agit pas de donner sans cesse des coups de barre, mais de maintenir le cap.
- ✓ Une dimension historique non adaptée risque d'entraîner des actions correctives non pertinentes.

- L'historique de contrôle détermine **l'intervalle de temps** à partir duquel la valeur de l'indicateur peut être appréciée en tendance, de manière fiable et opérationnelle.
- Les phénomènes obéissent à des **cycles**. Des hausses et des baisses ponctuelles peuvent se manifester sans pour cela qu'il soit nécessaire d'agir. Ce que l'on cherche à obtenir est

une donnée « en tendance » qui sera ensuite comparée aux valeurs de référence. La démarche consiste donc à déterminer le **nombre de périodes** qui caractérisent l'indicateur.

- Pour définir ce nombre de périodes, on peut procéder selon :
  - Une approche **historique** : cela consiste à définir la période à partir de données existantes ou reconstituées. Cette démarche suppose un investissement plus long lors de la phase de conception, et de retarder d'autant l'expression des résultats. En contrepartie, les résultats obtenus sont significatifs dès les premières éditions du tableau de bord. On notera bien qu'elle ne peut être utilisée en l'absence de données existantes.
  - Une approche **projective** : cela consiste à se fixer a priori un intervalle de temps suffisamment long pour être significatif, puis d'adapter la période en fonction de l'analyse des phénomènes. Cette démarche présente cet avantage de permettre une mise en œuvre plus rapide du tableau de bord, mais suppose toutefois un délai d'attente pour une interprétation plus fiable.
- La démarche projective est la voie la plus adaptée pour valider rapidement le tableau de bord. Pour faciliter la définition de la période, il est possible d'utiliser la règle suivante (*d'après J.-Y. Saulou*) :

Périodicité du tableau de bord	Historique à prendre en compte	Commentaires
Journalière	7 jours	1 semaine = 5 jours soit 5 jours + 2 jours
Hebdomadaire	6 semaines	1 mois = 4 semaines soit 4 semaines + 2 semaines
Mensuelle	5 mois	1 trimestre = 3 mois soit 3 mois + 2 mois
Trimestrielle	4 trimestres	1 semestre = 2 trimestres soit 2 trimestres + 2 trimestres
Annuelle	3 années	soit l'année précédente + 2 ans

■ Nous avons vu lors de la *définition des indicateurs* la notion de périodicité de production de l'indicateur. Rappelons que **la périodicité de production** des indicateurs dépend de la fonction du domaine mesuré. Les indicateurs censés évaluer la **performance globale** du système ont généralement une périodicité **annuelle** ou mensuelle ; ceux centrés sur le **suivi des objectifs et des moyens** ont une périodicité **mensuelle** ou hebdomadaire ; enfin, ceux permettant la **régulation de l'activité** ont une périodicité **hebdomadaire** ou journalière.

Voir fiche 26, p. 89

Fiche N°33 – Étape 2 – Définir la fourchette de tolérance

Objet : identifier et définir les seuils permettant de situer le niveau de fonctionnement anormal du système

Problématique

Quels éléments vont inciter un responsable à agir ? Sûrement pas l'indicateur : sa fonction se borne à restituer une valeur à un instant donné. Mais cette valeur n'est pas suffisante pour déterminer une réaction. C'est l'écart enregistré par rapport à une valeur attendue et son interprétation qui fonde l'action. Encore faut-il situer les valeurs attendues.

Comment définir les seuils au-delà desquels le responsable est alerté ?

Idées clés

- ✓ L'objectif constitue la base pour évaluer la performance du système.
- ✓ Pour faire des comparaisons, on a trois possibilités : par rapport à une donnée passée, à un objectif personnel, à une donnée externe.
- ✓ L'objectif n'a qu'une valeur « théorique » : la réalité se réduit rarement à une valeur unique. Une fourchette de tolérance est donc nécessaire.
- ✓ Les valeurs « hautes » et « basses » résultent d'observations.
- ✓ Le degré d'acceptation est défini au regard des conséquences concrètes sur le fonctionnement du système.
- ✓ Attention aux valeurs trop « larges » (réactions trop tardives) ou trop « étroites » (régulations trop fréquentes).
- ✓ Ne pas hésiter à remettre en cause les valeurs lors de l'évolution du tableau de bord, ou lors de situations particulières dues au contexte.

- L'objectif représente la **valeur** de l'indicateur pour laquelle le fonctionnement du système est considéré comme normal. Elle représente une **norme** pour le système. La **fourchette de tolérance** représente les **limites** à l'intérieur desquelles le responsable estime ne pas être tenu d'agir. Ces limites tiennent compte à la fois de l'incertitude des mesures (degré de précision des mesures), et/ou d'une marge arbitraire estimée par le responsable.

- Le principe du tableau de bord consiste à mesurer les **écarts** pouvant exister entre la valeur réelle de l'indicateur à un instant donné et l'objectif. Si l'écart est nul (ou dans des limites de tolérance fixées), aucune action n'est souhaitable. Si l'écart excède les limites fixées, une action doit être déclenchée après réflexion.

- L'objectif peut être :

  - Une valeur **antérieure** : elle permet de voir l'évolution par rapport à une situation historique.
  - Une valeur **cible interne** : elle résulte la plupart du temps d'une volonté du responsable (objectif volontariste).
  - Une valeur **externe** : elle résulte de normes communément admises dans un cadre professionnel donné.

- Il peut être envisagé **d'intégrer** ces trois niveaux dans le cadre d'une démarche d'amélioration. La valeur **cible** est la valeur externe (notion de benchmark) : le responsable veut obtenir à terme le niveau de performance reconnu par la profession. Mais compte tenu de l'histoire de la structure, il ne peut y parvenir en une seule fois. La donnée historique est là pour matérialiser les **progrès** déjà obtenus. La valeur cible interne constitue un **palier** dans la démarche d'amélioration.

- L'objectif est renforcé par la fourchette de tolérance. Deux données sont considérées : la valeur **haute** (valeur maximale prise par l'indicateur) et la valeur **basse** (valeur minimale prise par l'indicateur). Tout résultat situé dans cette fourchette de valeur est considéré comme acceptable. En revanche, tout résultat situé au-delà ou en deçà de ces valeurs témoigne d'un risque pesant sur le système et déclenche une alerte. Du point de vue analogique, cette valeur est assimilable soit à une surtension, soit à une sous-tension.

■ Ces valeurs sont généralement issues d'une analyse historique du fonctionnement du système. Deux démarches peuvent co-exister :

- En premier lieu, **l'estimation** des plages de variations : si le responsable ne possède pas de données précises, il peut avoir intérêt à se fixer des seuils dès la mise en œuvre de la première version du tableau de bord.
- Dans le même temps, on peut mettre en œuvre une **démarche de suivi quantitatif** des valeurs afin de les cerner de manière plus précise.

■ Pour estimer la plage de variation : l'approche se fonde sur l'expérience qu'a le responsable du fonctionnement de son système. Elle consiste à s'interroger sur les valeurs constatées historiquement lors de certaines situations de contexte :

- Quelles sont les valeurs extrêmes (hautes ou basses) constatées dans le passé ?
- Pour quelles valeurs a-t-on constaté des difficultés de fonctionnement ?
- En quoi consistaient ces difficultés ?
- Dans quelles périodes ces valeurs ont-elles été constatées ?
- En quoi ces périodes correspondent-elles à des cycles ?
- Quelles valeurs pourraient donc constituer la valeur « haute » acceptable ? Et la valeur « basse » ?

Toutefois, l'incertitude sur une mesure, le résultat qualitatif ou quantitatif d'un processus, peuvent être calculés à l'aide de modèles mathématiques (aléa normal, Khi2...), de même qu'il existe des méthodes et des modèles pour calculer l'efficacité d'un modèle, la stabilité d'un processus...

Voir fiche 52, p. 180

■ Parallèlement, on peut procéder à un *suivi quantitatif* d'un phénomène. Cette démarche, plus lourde du point de vue de la mise en œuvre (sollicitation des collaborateurs, durée de collecte), permet d'être plus précis. On notera bien que le suivi des valeurs prises par l'indicateur concerné constitue une démarche de suivi à part entière. La démarche peut donc être simplement réduite à l'analyse des données a posteriori, lorsqu'un cycle défini est achevé (semaine, mois, trimestre...).

- Quelle que soit la valeur de l'objectif, il est important de bien situer son **origine** (statistique interne, externe, scientifique ou non...) : l'exploitation des valeurs réelles en est facilitée et offre une plate-forme de dialogue critique (il est possible de ne pas être dans la norme communément admise : le système fonctionne-t-il mal pour autant ?...).
- En matière de fourchette de tolérance, il est important de bien situer le **rapport** qui existe entre les **valeurs** constatées et le **contexte**. À travers cette notion de fourchette de tolérance, le responsable recherche des valeurs d'alerte, assimilables à des clignotants pour, encore une fois, en tirer des décisions d'action. Dire qu'une valeur est acceptable n'a de réalité que par rapport à un contexte. Un nombre de contacts de 4 personnes par jour pourra être considéré comme acceptable si l'on est dans une station balnéaire au mois de janvier. Elle deviendra anormale si l'on considère la période de juillet !
- La réflexion sur le niveau de la fourchette doit être menée à la fois sur les valeurs hautes **et** basses. Avoir une fréquentation forte d'un guichet peut être considéré comme très satisfaisant à un premier niveau de lecture : « On a explosé les statistiques ! » Ce satisfecit est à pondérer du point de vue de la qualité de service. Un guichetier peut être débordé face à un afflux de clients et ainsi provoquer une baisse qualitative du service rendu. Les liens à réaliser entre indicateurs lors de la *lecture du tableau de bord* sont alors pleinement justifiés.

Voir fiche 43, p. 144

Fiche N°34 – Étape 3 – Définir les modes d'obtention de données

Objet : identifier les modalités de calcul des données permettant d'évaluer la performance de la structure

Problématique

Des difficultés surgissent assez souvent lors de l'interprétation des résultats. Elles procèdent généralement de contestations formulées soit sur la manière de calculer la valeur de l'indicateur, soit sur l'interprétation qui est faite de cette valeur. Le mode de calcul de l'indicateur ne doit donc laisser aucune ambiguïté quant à ses principes.

Comment définir clairement et précisément les modes de calcul des données ?

Idées clés

✓ La mémoire est volatile : il convient de formaliser les règles de calcul et de les assortir d'un exemple commenté.

✓ Attention aux indicateurs « clés en main » : le responsable a intérêt à adapter les modes de calcul de ses indicateurs.

Voir fiche 29, p. 98

■ Lors de la phase 2, nous avons précisé les principaux éléments de *définition de l'indicateur*. Les paramètres liés à la mesure doivent être précisés, sous peine de problèmes ultérieurs :

- Difficultés de **lecture** pour le responsable : qu'a-t-on voulu mesurer ? en quoi le résultat est-il significatif de ce que l'on cherchait à mesurer ? oubli des composantes de la mesure…

- **Contestations** par les destinataires : méconnaissance des composantes, remise en cause des modes de calculs, interprétation personnelle d'une des composantes de calcul…

■ Pour éviter de tels désagréments, le travail réalisé lors de la phase II est repris et approfondi. Pour chaque indicateur retenu :

- Définir clairement les **intitulés** des composantes (ex. : temps total d'arrêt accidentel du poste de travail). La définition comporte explicitement des mots tels que : temps, nombre, volume, montant…
- Définir clairement les **formules** de calcul : cumul, rapport, écart…, sont matérialisés de manière explicite. Ex. : taux d'appels téléphoniques mal routés : nombre total d'appels téléphoniques externes ne concernant pas le service / nombre total d'appels téléphoniques externes reçus.
- Procéder à une **simulation** pour valider les termes de la mesure : avant de fixer définitivement les paramètres, il est bon de s'assurer que :
  - l'obtention des données est facile,
  - le mode de calcul est réaliste et réalisable,
  - le résultat est conforme aux objectifs de la mesure,
  - le résultat peut être interprété en termes d'action.

■ Utiliser le plus possible des termes déjà en vigueur dans l'entreprise et **connus** des principaux utilisateurs du tableau de bord (concepteur ou destinataire). Le tableau de bord ne peut faire abstraction de la culture interne. Une vigilance accrue doit être portée en matière de communication lorsque des vocables identiques sont utilisés par des acteurs de secteurs différents. En cas d'ambiguïté ou d'absence de définition :

- proposer une définition du paramètre : rappelons qu'un paramètre est une grandeur mesurable, qui caractérise un flux, ou l'état d'un système ;
- la faire valider par les acteurs susceptibles d'utiliser cette composante ;
- la porter à la connaissance des autres acteurs de la structure.

La démarche revêt en ce sens un aspect **didactique** : il y a création de langage et de norme sémantique.

- Spécifier **l'origine** de la donnée utilisée pour le calcul : certains paramètres pris en compte dans le cadre d'un tableau de bord d'un service proviennent d'autres secteurs de l'entreprise. Il est nécessaire de situer les origines de l'information pour :
  - Savoir comment ces informations sont elles-mêmes élaborées : comment intégrer puis interpréter une valeur dont on ne connaît pas les fondements ?
  - Savoir à qui s'adresser en cas d'évolution de ces paramètres : un secteur peut être à l'origine d'une modification d'une donnée, qui aura elle-même une répercussion sur la valeur de l'indicateur d'un autre secteur.
- Attention aux formules de calcul **complexes** : il faut pouvoir « suivre » dans le temps les composantes et s'assurer que les évolutions de l'une des composantes ne va pas mettre à mal le dispositif de contrôle.
- Des indicateurs types sont parfois présentés dans la littérature spécialisée ainsi que dans certaines bases de données professionnelles : ce sont de bonnes sources d'inspiration... dont il faut s'affranchir dans certains cas. Concernant les modalités de calcul, ces sources d'information mettent sur des pistes intéressantes, mais le responsable a intérêt à définir ses propres bases de calcul.

Fiche N°35 – Étape 4 – Formaliser le dictionnaire des indicateurs

Objet : rédiger le dictionnaire des indicateurs à partir de fiches reprenant tous les paramètres définis

Problématique

Élaborer un tableau de bord est un processus qui s'inscrit dans le temps. La mémoire des acteurs est hélas volatile. Il n'est donc pas sûr que, quelques mois après la mise en place du tableau de bord, le responsable se souvienne de la signification précise de certains paramètres. Il peut s'ensuivre d'éventuelles difficultés quant à l'interprétation des résultats et, partant, des décisions qui sont prises.

Comment maintenir dans le temps la signification précise des composantes du tableau de bord ?

Idées clés

✓ L'ensemble des fiches indicateurs constitue le dictionnaire de la langue « tableau de bord ».

✓ Concevoir le dictionnaire des indicateurs de manière opérationnelle : l'information doit être retrouvée rapidement et doit être compréhensible directement.

✓ Faites valider le contenu des fiches par des personnes externes au projet tableau de bord : c'est le meilleur test de compréhension !

✓ Penser à mettre à jour le dictionnaire lorsqu'une des composantes évolue.

✓ « Les écrits restent... » : dans une entreprise, nul n'est inamovible. Faciliter le travail de son successeur est une des qualités du responsable « adulte ».

Voir fiches phase IV, p. 119 à 138

■ Les résultats qui figurent sur la *forme définitive* du tableau de bord ne sont que la partie visible d'un système complexe d'élaboration d'informations. Le tableau de bord nécessite donc un référentiel où est rassemblée la somme de connaissances indispensable à son fonctionnement.

■ Le dictionnaire des indicateurs est à la fois :

- Un instrument **opérationnel** : le dictionnaire contient les éléments essentiels pour savoir élaborer puis utiliser l'information contenue dans le tableau de bord.
- Un instrument **didactique** : le dictionnaire des fiches constitue pour le responsable un bon support pour informer les acteurs impliqués dans le projet tableau de bord (développeur, agent de l'unité). Ultérieurement, ce sera aussi un excellent vecteur pour intégrer un nouvel arrivant et lui communiquer des aspects essentiels du fonctionnement de l'unité.
- Un instrument de **transmission** : le tableau de bord évolue en fonction d'événements internes ou externes. Le responsable est donc amené à mettre à jour le contenu des fiches selon ces événements. En conservant les fiches antérieures, on constitue une œuvre de mémoire, qui permet de retracer les évolutions dans le temps (savoir pourquoi tel indicateur a évolué) et on facilite ainsi l'interprétation de certains résultats (notamment lors de changements de mode de calculs, par exemple).

Voir fiches phases II et III, p. 89 à 118

■ Le travail consiste à formaliser les informations définies lors des *étapes précédentes* sur un support dont la structure constitue un véritable « chemin de lecture » :

- compréhension globale de la nature et de la finalité de l'indicateur,
- caractéristiques techniques d'obtention et de représentation,
- modalités de lecture et d'interprétation, conseils d'utilisation.

Voir ci-après annexe jointe

Le support de type « *fiche* » est la forme la mieux adaptée de recueil de ces informations.

- La première tâche consiste à définir la **structure** et le **contenu** de chaque rubrique du dictionnaire. Ce travail préparatoire facilite la rédaction des informations des indicateurs : le rédacteur sait ce qu'il doit mettre dans telle rubrique, et ce pour tous les indicateurs.

Les rubriques suivantes constituent une base de structure adaptée :

  - Définition de l'indicateur : capter rapidement la finalité de l'indicateur.
  - Termes de mesure : connaître les paramètres nécessaires au calcul de l'indicateur.
  - Modalités d'interprétation : capacité à interpréter les résultats de l'indicateur afin de pouvoir agir.

- Le contenu des informations doit être synthétique et direct : toute personne étrangère à la conception du système tableau de bord doit être en mesure de comprendre le contenu des fiches. C'est pour cela qu'il peut être utile de faire valider le contenu par un tiers, dont les remarques permettront de réaliser les adaptations nécessaires.
- Le recueil complet est consolidé soit sous forme papier (un classeur en rend aisées tant les mises à jour que l'utilisation), ou sous forme informatique, la gestion dans un serveur et les ressources des liens hypertextes offrant une utilisation souple.

Fiche de définition d'indicateur

Établissement : **Unité :**	**N° d'indicateur :**
Propriétaire :	
Destinataires :	
Nom de l'indicateur :	
Nom abrégé :	
Objectif opérationnel :	
Base de calcul :	
Formule de calcul	
Unité :	
Tolérance par rapport à l'objectif :	
Périodicité :	
Date de mise à disposition	
Responsable de l'élaboration	**Émetteur :**
Reporting	
Mode :	**Destinataire des reports :**
PRÉSENTATION	

(unité)	*(Service)*	*(Nature du suivi)*
Période :		**Objectif : /Réalisé :** **ÉCART :**

Jeunes en projet 60 50 40 30 20 10 0 1 2 3 4 Trimestre OBJECTIF RÉALISÉ	**Commentaires :** –

Fiche N°36 – Phase 4 – Mettre en forme le tableau de bord

Objet : valider le caractère opérationnel du dispositif dans sa forme future

Problématique

Outre la facilité de lecture, la manière dont est présentée l'information a une influence sur le comportement des destinataires du tableau de bord. Que penser de la succession de tableaux de chiffres, où le responsable passe plus de temps à chercher et décoder l'information qu'à agir ?... Il est donc nécessaire de structurer de manière opérationnelle le support d'information qu'est le tableau de bord.

La démarche consiste maintenant à élaborer techniquement le dispositif, à vérifier son caractère opérationnel, puis à en faire un dispositif d'exploitation courante.

Idées clés

- ✓ La forme doit servir le fond : l'impact d'un bon contenu est renforcé par sa mise en valeur.
- ✓ Adopter une démarche itérative permet de rendre plus rapidement visible le produit et de l'adapter plus facilement.
- ✓ « Formalisez, formalisez. Il en restera toujours quelque chose ! »
- ✓ Tout produit doit être testé avant d'être consommé.
- ✓ La collaboration des différents acteurs est un aspect indispensable de la bonne fin de cette phase. Le succès de l'entreprise sera collectif ou ne sera pas !

- Mettre en forme le tableau de bord. La mise en forme consiste à agencer les informations selon une « **logique opérationnelle** » : percevoir rapidement l'information importante, approfondir éventuellement cette information et prendre une décision d'action.

- Le tableau de bord est un support de communication écrite. À cet égard, il intègre deux fonctions qui doivent se renforcer mutuellement :

  - **Discursive** (le fond) : véhiculer du contenu. L'information véhiculée doit être pertinente pour être utilisée.

  - **Documentaire** (la forme) : faciliter et rendre attractive la lecture. Le responsable doit avoir une lecture directe des phénomènes marquants. Tout comme sur la « une » du journal, l'essentiel doit sauter aux yeux.

- Cette phase est celle du choix de la nature des supports de **traitement** (l'informatique constitue un point de passage obligé) et de **restitution** (support physique papier, ou électronique).

- La phase de mise en forme a pour objectif d'élaborer le dispositif pour qu'il soit adapté aux besoins de son/ses utilisateur(s). **L'approche prototype** constitue un levier de travail intéressant : elle donne les moyens **d'évaluer** « sur pièces » l'adéquation du produit aux besoins du destinataire et permet ainsi **d'ajuster** rapidement le dispositif. Adopter une telle démarche suppose de travailler dans une **logique itérative**, où les cycles « spécification (S) /développement (D) /test-évaluation (TE) /adaptation (A) » se succèdent pour affiner le produit final.

- L'implication de différents acteurs (notamment de développeurs informatiques) rend indispensable la **formalisation écrite** des travaux entrepris durant cette phase. La conformité du produit sera d'autant plus grande que chacun saura clairement ce qu'il doit faire. Le principe « dire ce que l'on fait, faire ce que l'on dit » trouve ici toute sa dimension.
- Cette phase est capitale pour faire en sorte que les destinataires s'approprient leur outil. À travers les étapes proposées (notamment celle de **test** et d'évaluation), les utilisateurs du tableau de bord se rendent compte **concrètement** des conditions d'obtention (facilité, fiabilité...) et **d'exploitation** des données (lisibilité, interprétation, communication).
- L'approche critique doit être **rigoureuse** de la part des différents acteurs (développeurs et utilisateurs) et aussi **complète** que possible. C'est à ce stade que les adaptations majeures doivent être révélées et réalisées, sous peine de mettre en péril ultérieurement l'ensemble du dispositif. Il est toujours plus facile (et moins coûteux) d'agir dans les phases amont qu'après une mise en exploitation d'un dispositif technique.
- À partir des fiches précédentes qui définissent les composantes des indicateurs, il s'agit de concevoir et de réaliser techniquement les outils nécessaires pour restituer l'information sous la forme voulue. La collaboration de différents acteurs constitue la base du travail. Voici les étapes qui structurent cette phase :
  - **Étape 1** : définir une maquette
  - **Étape 2** : élaborer un prototype
  - **Étape 3** : tester le prototype
  - **Étape 4** : valider le résultat

Fiche N°37 – Étape 1 – Définir la maquette

Objet : proposer une mise en forme par nature d'indicateur

Problématique

Certains tableaux de bord d'ancienne génération (?) se bornent à livrer de l'information brute sans se soucier de son impact sur le destinataire. Véritables monographies, les tableaux de bord de ce type contraignent le lecteur à rechercher l'information dont il a besoin à travers un fouillis de feuillets et de données. Rappelons une nouvelle fois que l'objectif n'est pas de perdre son temps à rechercher et extraire de l'information de documents, mais bien à l'exploiter pour agir. Il y a donc un lien direct entre lisibilité et efficacité.

Comment disposer l'information d'une manière qui soit opérationnelle pour le responsable ?

Idées clés

- ✓ La maquette permet de visualiser l'ordonnancement des indicateurs.
- ✓ Définir un « bon » chemin de lecture permet de capter l'essentiel de l'information en un clin d'œil.
- ✓ En matière de représentation graphique, la créativité est un gage d'attractivité.
- ✓ Adopter le principe de fenêtrage : une information macroscopique peut déboucher sur une information détaillée.
- ✓ Attention aux aspects gadgets : la forme ne doit pas primer sur le fond. Un document en couleur mais inadapté aux besoins opérationnels est tout simplement un document inadapté !

- L'élaboration d'une maquette est l'étape où, pour la première fois, le tableau de bord devient « **visible** ». Le travail réalisé jusqu'à maintenant s'est surtout concentré sur le fond : nature, composantes, modalités de calcul, mode de représentation..., des indicateurs souhaités. Il s'agit maintenant de **formaliser** les indicateurs à travers un **support** adapté, afin que les informations soient perceptibles directement par le responsable.
- La démarche consiste à **agencer** les différents indicateurs en ayant soin :
  - de respecter l'objectif de **lisibilité** : la disposition des indicateurs constitue un « chemin de lecture » pour le responsable. Celui-ci doit donc s'interroger sur les principes de représentation (ordre, espace), et sur ce qu'il souhaite percevoir en priorité.
  - de **hiérarchiser** les informations : les indicateurs ne possèdent pas le même degré d'importance. Il est généralement préférable d'adopter une vision progressive, à partir d'une vision d'abord globale (les indicateurs déterminants), pour s'intéresser ensuite à des niveaux plus détaillés.
- Reprendre les objectifs initiaux : le maquettage commence par... un retour en arrière ! Comme dans tout projet, il nous paraît en effet utile de se **remettre en mémoire** les composantes importantes du dispositif que l'on souhaite élaborer, en premier lieu les ***objectifs***. Le rappel des objectifs permet de se recadrer par rapport à la **finalité** poursuivie et de se dégager partiellement des éléments trop techniques. Tout se passe comme si le responsable devait visualiser le dispositif qu'il doit mettre en forme, en ayant en filigrane la cible visée. Le deuxième élément à utiliser est bien évidemment la ***liste des indicateurs*** retenus qu'il s'agit de représenter sur un support.

Voir fiche 25, p. 86

Voir fiche 35, p. 115

- Cartographier les différents niveaux de lecture : quel que soit le support retenu (papier ou électronique), le dispositif doit proposer une **lecture progressive** des informations. Cette étape consiste à représenter de manière logique les liens entre niveaux d'information, à partir d'un niveau synthétique, puis différents niveaux correspondant à des informations plus approfondies. L'image du zoom photographique illustre parfaitement ce principe : partir d'une focale courte (**vision globale**), pour utiliser progressivement une focale plus longue (approfondir un **niveau de détail**).

- Définir les différents niveaux : ce sont des « strates » à travers lesquelles les indicateurs sont ordonnancés. La démarche consiste à distinguer les informations du **niveau principal** (qui regroupe les paramètres majeurs) des **niveaux secondaires** (qui détaillent un paramètre de niveau principal, ou qui apportent un éclairage complémentaire sur un champ d'importance moindre). Attention ! Le nombre de niveaux doit être limité pour être exploitable. Dans une première approche, il est utile de restreindre sa réflexion à **trois** niveaux secondaires au maximum (la réflexion pouvant être limitée à deux niveaux).
- Affecter les indicateurs par niveau : chaque indicateur est alors affecté par niveau, selon les critères établis (importance...). Cette étape consiste à réaliser une **représentation logique** du système « tableau de bord ». Elle n'en est que facilitée si l'on a à l'esprit les objectifs et les priorités, définis dans les étapes précédentes. Le travail peut être formalisé à partir d'un tableau comme suit :

Niveau PRINCIPAL	**Niveaux SECONDAIRES**		
	1	**2**	**(3)**
• Domaine A : – Indicateur 1 ➜ – Indicateur 2 – Indicateur 3 ➜	– Indicateur 1.1 ➜ – Indicateur 3.1 ➜	– Indicateur 1.1.1 – Indicateur 3.1.1	
• Domaine N : – Indicateur n			

- Valider la cohérence de cette représentation.

■ Mettre en page les niveaux définis : c'est ici que s'élabore la maquette proprement dite. Il s'agit de faire la représentation physique du travail précédent.

- Proposer une première représentation : partir du document de synthèse (niveau principal) et réaliser ensuite les niveaux secondaires. La notion de « chemin de lecture » trouve ici toute sa dimension. Les informations proposées doivent alerter le responsable et l'inviter, s'il le désire, à poursuivre sa lecture vers les autres niveaux de détails. La page de synthèse doit mettre en évidence les principaux indicateurs, selon un **mode de représentation** parlant pour le responsable. Il n'y a donc pas de règle absolue quant à la représentation. Une représentation **schématique** du système étudié avec les **symboles** retenus peut constituer une forme simple et attractive de la page de synthèse. On ne doit pas ménager ses ressources en **créativité**, en privilégiant le côté visuel : rien ne nous oblige à faire quelque chose de triste !
- Valider la cohérence : il s'agit de voir en quoi la proposition sur la forme facilite (ou non) la perception rapide des informations. Ce travail peut être réalisé avec l'aide d'une autre personne, en identifiant les évolutions possibles à partir de ses réactions.

■ Cette étape peut paraître fastidieuse, voire inutile, à certains. Elle est toutefois une aide pour valider une nouvelle fois la cohérence globale et préparer le développement qui aboutit à réaliser le prototype. C'est en effet à partir de ce travail (enrichi des éléments fonctionnels) que l'équipe de développement peut commencer à travailler sur les tâches qui lui incombent.

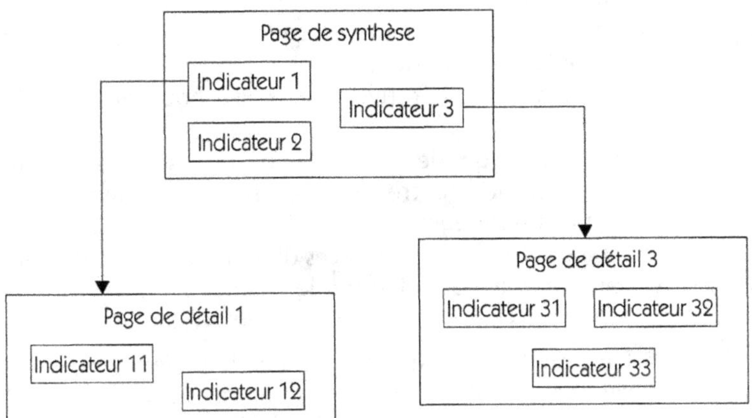

Fiche N°38 – Étape 2 – Élaborer un prototype

Objet : développer les outils nécessaires pour obtenir les informations au moyen des indicateurs

Problématique

Malgré le travail réalisé dans les étapes précédentes, certains responsables (ou collaborateurs) peuvent avoir des difficultés « à se rendre compte », d'une part, de la faisabilité et, d'autre part, de la réalité du dispositif. L'une des voies de clarification possibles consiste à réaliser un prototype. Le caractère concret du dispositif facilite son évaluation et son adaptation.

Quelles sont les principales modalités pour réaliser un prototype ?

Idées clés

- ✓ Le prototype est la traduction technique de la maquette.
- ✓ Le prototype permet de se rendre compte « sur pièces » de la teneur du dispositif.
- ✓ La démarche itérative est la clé pour élaborer le prototype.
- ✓ La réalisation de cette étape suppose une étroite collaboration entre équipe de développement et futurs utilisateurs.
- ✓ Disposer dans ses ressources d'un graphiste est un gain appréciable pour élaborer le prototype.

■ Un **prototype** est une réalisation simplifiée d'une partie significative d'un système d'information, en vue de déterminer rapidement sa faisabilité et son adéquation aux besoins du demandeur.

- La maquette est la première concrétisation visuelle du dispositif tableau de bord ; le prototype en est la concrétisation **technique**. Elle a pour objet de mettre techniquement en œuvre le dispositif tableau de bord, afin de vérifier la **faisabilité** (facilité et modalité d'obtention) et **l'utilité** des informations produites (sont-elles exploitables selon les modalités attendues ?).
- Cette étape implique généralement un **changement d'acteurs** : le relais est donné à une équipe de développement informatique, du fait des ressources que procure l'outil informatique. Par ailleurs, les données intégrées dans le tableau de bord sont pour la majorité issues du système d'information informatisé.
- Le rôle de l'équipe de développement est de livrer une **première version** aux utilisateurs, lesquels procèdent à une **évaluation** du produit livré. En cas d'inadaptation, des **modifications** sont apportées.
- L'informatique ne traite pas tout. Certaines données n'existent pas sur le système informatique. Cette étape aborde donc également la mise en œuvre concrète du dispositif de recueil manuel de données réalisé par certains utilisateurs. Une démarche de ce type est cependant lourde. Aussi est-il nécessaire de limiter ce type de démarche aux seules données réellement utiles.
- Définir les spécifications : elles ont pour but de clarifier ce que doit réaliser techniquement l'équipe de développement. Il s'agit d'une approche plus légère de la notion de cahier des charges. Les fiches de travail des phases précédentes constituent les supports à ces spécifications.
- Réaliser le prototype : sur les bases des spécifications, l'équipe de développement réalise la mise en forme du prototype dans une première version. Ce prototype est élaboré selon deux aspects :
  - **graphique** : à partir de la maquette, il s'agit de réaliser « grandeur nature » la mise en forme visuelle des informations à travers le moyen informatique. Il peut être utile de s'adjoindre une compétence de graphiste si le dispositif a une vocation de communication externe. L'équipe de développement réalise une première

proposition qui est critiquée par le responsable sous le critère de lisibilité, et qui est éventuellement adaptée (couleur, taille, police de caractères, commentaires...). L'approche itérative trouve ici tout sons sens.

- **technique** : il s'agit d'obtenir les informations élaborées à partir des paramètres décrits dans les spécifications : enchaînement des écrans, calcul des chiffres à partir des composantes souhaitées, modalités de restitution...

■ Tester le prototype : il s'agit ici des seuls tests techniques (en langage informatique : tests unitaires et tests d'intégration). L'équipe de développement s'assure que les fonctions souhaitées et leurs modalités de restitution sont bien conformes à ce qui a été demandé par le responsable. Cette étape ne doit pas être confondue avec celle de *test du dispositif* par le responsable.

Voir fiche 39, p. 130

■ Le recueil manuel des données : cette possibilité est à envisager dans le cas où des informations qui ne peuvent être obtenues par le système informatique (ex. : motifs d'appels téléphoniques) sont indispensables pour la maîtrise du système. Dans ce cas :

- élaborer un support de recueil des données : ce travail est réalisé par le responsable avec son équipe. En impliquer les membres dans cette démarche permet de s'approprier le dispositif et de dépasser certaines résistances au chiffrage.
- définir les modalités de reprise des données dans le dispositif technique : généralement, ces données font l'objet d'une saisie dans le dispositif informatique pour être traitées par des algorithmes (ex. : calcul de durées horaires, répartition par motifs....). Cela suppose donc que l'équipe de développement informatique ait les éléments pour concevoir (et tester techniquement) ces algorithmes.

■ Exemple de fiche manuelle pour le recueil de données :

Suivi des appels téléphoniques par motif			
Opérateur : Mlle Arlette		**Journée du :** 25 février AAAA	
Motifs	**Nombre**	**Σ**	**Observations**
• retard sur livraison	▨ ▨ ▨	15	3 fois le même client
• montant non conforme	▨	5	
• article non conforme	▨ |	6	
•			
•			
•			
•			
•			
•			
•			
•			

Fiche N°39 – Étape 3 – Tester le prototype

Objet : faire fonctionner le prototype sur une période test

Problématique

Les impacts du tableau de bord sur l'unité sont importants. Mettre un dispositif en production sans l'avoir testé fait peser des risques multiples, principalement économiques (le coût d'adaptation peut être doublé ou triplé) et sociaux (possibilité de rejet par les utilisateurs). Il s'agit donc de définir les modalités qui vont assurer l'adéquation du dispositif aux besoins du responsable.

Selon quelles modalités définir les tests du tableau de bord ?

Idées clés

- ✓ Tester le tableau de bord n'est pas du temps perdu, mais bien au contraire investi !
- ✓ Formaliser les tests permet de limiter les oublis et d'approfondir la connaissance du tableau de bord.
- ✓ Il y a toujours 2 types de tests : techniques (équipe de développement) et fonctionnels (responsable tableau de bord).
- ✓ Il faut qu'il y ait une bonne communication entre l'équipe de développement et le responsable du tableau de bord.
- ✓ Tester implique de prendre son temps : ne brûlez pas les étapes !

- Un test est destiné à vérifier **l'adéquation** des caractéristiques du système réalisé, ici le prototype, aux **besoins** spécifiés. Dans le cas où le système n'est pas totalement conforme aux attentes de son destinataire, des **adaptations** sont définies et réalisées.
- Le test participe de la démarche **d'appropriation** de l'outil par les différents acteurs. À travers la conception du processus de test et grâce aux échanges occasionnés par le processus de validation, les futurs utilisateurs du tableau de bord possèdent une **meilleure connaissance** du système.
- La **formalisation** est l'élément clé du processus de test. Cet aspect recouvre deux fonctions :
  - **cognitive** : maîtriser les composantes du système faisant l'objet du test. La conception d'un scénario de test suppose de connaître en profondeur les aspects fonctionnels du système. La réalisation du scénario en renforce et en complète la connaissance à travers les différentes situations rencontrées.
  - **didactique** : transmettre la connaissance dans la durée. La mémoire est volatile et les acteurs d'une structure ne sont pas éternels ! La documentation relative aux tests constitue une « mémoire » à laquelle on peut se référer pour s'expliquer certaines situations lors de l'utilisation courante du tableau de bord.
- Deux paramètres sont à privilégier dans la définition des modalités de test :
  - le **contenu** : élément central bien évidemment, qui décrit les différentes situations destinées à valider le prototype.
  - la **durée** : liée aux paramètres d'observation. La périodicité de certaines informations amène parfois le responsable à réaliser des tests de manière fractionnée : une première séquence de test pour les informations à fréquence courte (ex. : hebdomadaire), une autre séquence pour les informations à fréquence plus longue (ex. : mensuelle, trimestrielle).
- Les **différents aspects** du test concernent les étapes de :
  - recueil/extraction des données,
  - intégration dans le système de traitement,

- traitement pour élaboration des calculs,
- restitution.

Chaque étape fait l'objet d'une série de tests.

■ Un processus de test intègre très souvent deux phases :

- des tests en « **environnement réduit** » : ils sont destinés à s'assurer de l'adéquation technique et fonctionnelle du système ;
- des tests en « **environnement réel** » : ils sont destinés à valider le dispositif dans le contexte réel de fonctionnement.

■ En matière de modalités, nous rappelons que les **tests techniques** sont pris en charge par l'équipe de développement. Celle-ci livre une version conforme aux spécifications, afin de concentrer l'action des utilisateurs sur les seuls aspects **fonctionnels**.

■ Les tests fonctionnels réalisés par le responsable et son équipe s'articulent comme suit :

- Une séquence de **tests fonctionnels réduits** : il s'agit de vérifier que les fonctions de recueil, de calcul et de restitution des données sont conformes aux spécifications. À l'aide de simulations décrites dans des **jeux d'essais**, elle consiste à introduire des données dans le prototype, de vérifier la cohérence des résultats et, le cas échéant, de procéder à des adaptations. Par exemple, l'allongement d'un délai de traitement matérialisé par une évolution de la date doit se traduire par un indicateur d'alerte qui change de couleur (de vert à l'orange, de l'orange au rouge…).
- Une séquence de **tests fonctionnels réels** : il s'agit de vérifier que le système fonctionne dans le contexte courant de travail, notamment en matière de circuit d'alimentation de données et de temps de restitution des données. Le responsable et son équipe valident principalement le caractère opérationnel (orienté décision d'action) du tableau de bord. C'est à partir de cette série de tests que le système est réellement validé.

■ Enfin, des tests particuliers doivent être envisagés : ceux concernant la **forme** même du dispositif. Il ne s'agit pas d'avoir de bons indicateurs : encore faut-il qu'ils soient lisibles. Des tests de forme doivent être définis à partir de certains **critères** (lisibilité, attractivité, clarté, facilité de compréhension...). Les réactions des utilisateurs (et en premier lieu du responsable !) seront précieuses pour aborder la phase de *validation du tableau de bord*.

Voir fiche 40, p. 00

- Certaines données ne peuvent être recueillies directement à travers le système d'information informatisé. Dans ce cas, des dispositifs de *recueil manuels* sont souvent indispensables. Ces dispositifs – le processus de recueil ainsi que l'exploitation des données dans le système de traitement – font l'objet de tests spécifiques.

Voir fiche 38, p. 00

- Dans les projets réels, les phases de test sont très souvent perçues comme génératrices de lourdeur (il faut formaliser...) et consommatrices de temps (considéré comme « perdu »...). C'est cependant la seule voie qui garantisse la qualité du système et sa fiabilité. Toute **impasse** qui se traduit par une anomalie est sanctionnée par un temps et un coût de rectification exponentiels.

- Schéma synoptique du déroulement des tests :

Scénario général

Scénario détaillé n° 1	Scénario détaillé n° 2	Scénario détaillé n° 3

Projet : (titre)			**Phase de recette**	
	Scénario détaillé n°2 - (Nature)		page 1/n	
Situations	Principes		Résultats attendus	
Cas n°1				
Cas n°2				
Cas n°n				

Fiche de test
Nature du test : ....
Objectif : ....
Descriptif : ....
Résultat attendu :..............
Anomalie détectée : ....
Observation : ....

Fiche N°40 – Étape 4 – Valider les résultats

Objet : effectuer une approche critique du prototype et procéder aux ajustements nécessaires

Problématique

Selon certains, le tableau de bord peut être mis en exploitation après quelques tests partiels, plus ou moins bien menés. Cette démarche pèche par excès de précipitation. Les résultats des tests doivent au contraire être validés de manière officielle, pour ne pas laisser les acteurs dans une quelconque ambiguïté.

Quels sont les aspects à prendre en compte pour valider le tableau de bord ?

Idées clés

- ✓ Valider le tableau de bord revient à officialiser son caractère opérationnel et sa mise en exploitation courante.
- ✓ La validation porte sur le fond **et** la forme.
- ✓ Le « feu vert » n'est donné que si tous les aspects incontournables ont été vus et entérinés.
- ✓ Formalisée, la validation implique davantage qu'un simple accord verbal.
- ✓ Le sens critique est ici indispensable : après cette étape, le dispositif est considéré comme opérationnel !

■ Une fois les tests réalisés, il est indispensable de s'assurer du caractère opérationnel du dispositif, à travers l'ensemble du processus d'élaboration des informations. La validation porte donc à la fois sur le **fond** et sur la **forme**.

- L'approche de validation s'effectue tout d'abord à l'aide de questions clés qui balaient les différentes étapes du processus. Nous proposons ici quelques questions, sans viser à l'exhaustivité :
  - Pour valider l'étape de **recueil** des données :
    - Toutes les données connues sont-elles prises en charge ?
    - Les données sont-elles actuelles (correspondant à la période considérée) ?
    - Les données sont-elles fiables ?
    - Le support manuel permet-il de recueillir facilement les données ?
    - Le support manuel permet-il une exploitation aisée des données ?
    - Les modules informatiques de saisie des données manuelle sont-ils faciles à utiliser ?
    - Les guides utilisateurs sont-ils adaptés pour faciliter le travail de saisie ?
    - Les données issues des modules de saisie sont-elles convenablement intégrées parmi les autres données ?
    - En cas de besoin, la mise à jour des données est-elle aisée ?
  - Pour valider l'étape de **traitement** des données :
    - Les algorithmes de calcul traitent-ils les données conformément aux spécifications ?
    - Les données issues des traitements sont-elles fiables ?
    - Y a-t-il des données non traitées ? lesquelles et pourquoi ?
    - Les temps de traitement sont-ils satisfaisants ?
    - La sécurité des données est-elle assurée ?
    - Est-il possible de reconfigurer facilement et de manière fiable les bases en cas d'incident ?
  - Pour valider l'étape de **restitution** des données :
    - Les écrans sont-ils bien lisibles ?
    - Les informations sont-elles directement lisibles ?
    - La navigation entre les différents écrans est-elle simple ?
    - L'enchaînement des écrans permet-elle une lecture cohérente des niveaux d'information ?

- La confidentialité de certaines données est-elle respectée conformément aux spécifications ?
- Les éditions de documents sont-elles réalisées dans les délais prévus ?
- Les documents sont-ils adressés au bon destinataire et dans les délais souhaités ?

• Pour valider l'étape **d'utilisation** des données :

- Le responsable peut-il capter directement les faits importants ?
- Les indicateurs jouent-ils bien leur fonction d'alerte ?
- Les indicateurs facilitent-ils l'analyse et la réflexion du responsable ?
- Les indicateurs permettent-ils un dialogue facile avec les différents partenaires concernés ?
- Les indicateurs sont-ils une aide à la décision du point de vue stratégique ? du point de vue opérationnel ?
- L'interprétation des informations issues du tableau de bord est-elle aisée et en rapport avec la réalité constatée ?
- La fréquence de production et le délai d'obtention permettent-ils de réagir de manière satisfaisante ?
- Les utilisateurs du tableau de bord savent-ils à qui s'adresser en cas d'anomalie ?

■ D'autres voies permettent également de valider la **forme**, et de la faire évoluer :

Voir fiche 39, p. 130

• Recueillir les **remarques** des différents acteurs : l'approche critique est réalisée tout d'abord selon les *critères établis*. Les réflexions doivent porter aussi bien sur les aspects positifs (en quoi tel aspect est-il intéressant ? adapté ?) que négatifs (en quoi tel aspect est-il dommageable à la lecture, la compréhension des résultats ? inadapté aux besoins d'exploitation ?).

• Les **suggestions** constituent également de bons leviers de validation : s'il y a suggestion, c'est qu'il y a probablement insatisfaction partielle. Dans ce cas, un dialogue avec la personne est nécessaire pour identifier l'insatisfaction de la personne et évaluer la pertinence de la suggestion.

- Identifier les adaptations de forme : à travers une nouvelle maquette qui permettra au designer de se rendre compte des évolutions.
- Évaluer les impacts de l'adaptation : en relation avec le désigner. Il est utile de bien peser l'utilité de l'évolution, compte tenu des coûts induits.
- Obtenir une nouvelle version : après intégration des modifications, une nouvelle critique est réalisée pour valider la forme définitive.

■ Le traitement des anomalies constitue un pré-requis pour valider le **fond** :

- **Consigner** les anomalies constatées et définir les ajustements/adaptations indispensables. Un « **carnet de bord** » constitue un support intéressant pour assurer le suivi des corrections souhaitées, de manière à valider définitivement le dispositif.

Carnet de bord des modifications				
Projet : Tableau de bord **Responsable** : X				**Page :** /
Nature de l'anomalie	**Correction demandée**	**Degré de priorité (1 / 3 / 5)**	**Validation correction**	**Observations**
• La donnée de fin de mois n'est pas prise en compte dans le calcul définitif de l'indicateur mensuel	• Intégrer la donnée de fin de mois dans le calcul mensuel selon la règle décrite *(Voir fiche indicateur n° NNN)* • Refaire un traitement mensuel pour validation	5	OK le JJ.MM.AA	Vérifier lors des traitements trimestriels à venir

- Procéder aux corrections et adaptations selon les règles définies. Un cycle de test réduit est nécessaire pour entériner les modifications. Le résultat est consigné par écrit de manière à conserver la trace de ces adaptations.
- Valider les adaptations dans une optique opérationnelle.

■ Une réunion de décision réunit au final les différents acteurs du projet pour la validation officielle du tableau de bord. Elle a pour but d'officialiser la réception du dispositif et d'entériner la fin du développement. Le travail d'exploitation courante est alors possible.

■ C'est au responsable de prendre cette décision. Il considère alors le dispositif comme opérationnel, du point de vue de l'exploitation courante. Cette décision entraîne la fin officielle du projet, et, partant, la dissolution des structures du projet tableau de bord. Il est cependant nécessaire de respecter une phase de stabilisation avant de mettre un terme définitif au projet (tout ne peut être prévu !).

Fiche N°41 – Phase 5 – Exploiter le tableau de bord

Objet : présenter les objectifs et contenus de cette phase

Problématique

Voici venu le temps de l'utilisation du tableau de bord. Le responsable dispose d'un outil neuf, techniquement au point. Un nouvel enjeu se présente maintenant à lui : être capable de l'utiliser dans une dimension opérationnelle. Pour autant, le passage de la valeur d'un indicateur à un plan d'action pertinent n'est pas aussi facile qu'il n'y paraît. Tout se passe comme si le responsable devait réapprendre à lire et à penser…

Quelles sont les étapes clés pour s'approprier le tableau de bord ?

Idées clés

- ✓ Utiliser le tableau de bord, c'est être capable d'en interpréter les résultats de manière opérationnelle.
- ✓ Le responsable n'est pas censé tout savoir : la dynamique d'équipe est nécessaire pour que l'outil soit utilisé.
- ✓ La communication reste le vecteur clé du tableau de bord utilisé par ses destinataires.
- ✓ Les dinosaures ont bien disparu ! Tel peut être le sort de tableaux de bord qui n'évoluent pas.

■ Utiliser le tableau de bord ne consiste pas à verbaliser les variations constatées sur des graphiques ou des indicateurs multicolores : il s'agit de **relier** les résultats à des phénomènes concrets et à **traduire** ces informations abstraites en actions si des enjeux se dégagent.

- L'appropriation du tableau de bord se fait généralement en plusieurs étapes :
  - Dans un premier temps, le responsable se **familiarise** avec ce nouvel outil : il approfondit in vivo les connaissances déjà acquises au cours de l'élaboration du tableau de bord. C'est aussi durant cette étape qu'il stabilise le dispositif de collecte et d'intégration des données.
  - Puis il se sent capable **d'agir** à partir des informations : tout d'abord, interpréter les résultats, en reliant les niveaux de performances aux constats de fonctionnement pour définir des actions ; ensuite, communiquer ses décisions aux collaborateurs et à sa hiérarchie.
  - Enfin, la **maîtrise** qu'il acquiert du tableau de bord lui permet d'envisager des évolutions : le tableau de bord prend ici toutes ses dimensions d'outil vivant.
- Les capacités d'analyse et de synthèse du responsable et de son équipe sont ici mobilisées. Définir des actions pertinentes suppose de pouvoir croiser des informations issues du fonctionnement concret avec des données abstraites.
- La recherche d'actions destinées à améliorer le fonctionnement du système suppose une certaine rigueur. Nous ne saurions trop conseiller de recourir aux vertus de la méthode de résolution de problème pour effectuer ce travail d'approche critique d'où émergeront les décisions d'action.
- La dimension « communication » trouve également ici un terrain d'expression privilégié : rédiger une synthèse ou une note de décision à l'attention de sa hiérarchie, animer une réunion de présentation des constats à l'équipe, mener une réunion de travail pour faire évoluer le dispositif..., sont autant de moments où le responsable peut mobiliser ses collaborateurs sur le fonctionnement du service.
- Voici les étapes qui structurent cette phase :
  - **Étape 1** : collecter les données
  - **Étape 2** : interpréter les résultats de synthèse
  - **Étape 3** : définir les actions
  - **Étape 4** : faire évoluer le tableau de bord

Fiche N°42 – Étape 1 – Collecter les données

Objet : principes et précautions pour s'assurer que les données collectées au fil des jours sont bien fiables

Problématique

Le tableau de bord établi, on pourrait penser qu'il n'y a plus lieu de s'inquiéter : tout va fonctionner tout seul, puisque l'informatique s'occupe de tout. Une telle attitude n'est pas sans risque, surtout dans les premiers temps du fonctionnement du tableau de bord. Aussi vaut-il mieux s'assurer que les données soient convenablement collectées et intégrées dans le dispositif de traitement.

Comment s'assurer d'une prise en compte des informations ?

Idées clés

- ✓ La collecte des données s'accompagne d'une surveillance des processus.
- ✓ Il faut être présent lors des premiers cycles de collecte : il est alors possible de réaliser des recadrages.
- ✓ La collecte des données peut faire l'objet d'un indicateur !
- ✓ Donner le pouls des processus de collecte : cette information induit une effet mobilisateur.

■ Cette étape revient à **stabiliser** le dispositif dans son fonctionnement courant. Malgré les tests qui ont pu être réalisés, des scories peuvent subsister ; aussi est-il utile de s'assurer de la validité des procédures prévues, ainsi que des traitements mis en place.

- La surveillance est nécessaire dans les **premiers cycles** de fonctionnement du dispositif. Il est toujours plus facile d'agir dès qu'un problème est détecté qu'après une période significative où plusieurs cycles de collecte sont révolus. L'attention porte principalement sur :
  - Les **processus de collecte** de données : qu'ils soient automatiques ou manuels. La surveillance des processus automatiques est généralement plus facile, du fait de leurs caractéristiques (il s'agit de routines de traitement). En revanche, les processus manuels de collecte et de remontée de l'information nécessitent une attention particulière. En effet, les agents chargés de collecter l'information ne sont pas encore habitués (ni parfois convaincus !) de l'importance de la tâche.
  - Les **processus de traitement** des données : à travers des sondages, des vérifications de premier niveau, le responsable s'assure que les données sont bien transmises, calculées, stockées, traduites sous des formes graphiques, conformément aux règles définies.
- Les contrôles sont faits à des moments clés :
  - **Lors des premières journées** : l'objectif principal est de s'assurer de la fiabilité des données collectées. Mais les contrôles réalisés lors des premiers instants d'exploitation permettent également d'ancrer la collecte des données dans les pratiques des agents, tout en ayant un effet dissuasif auprès des personnes encore récalcitrantes.
  - Lors des premières **fins de cycle** : l'objectif est ici de s'assurer de la validité des traitements de consolidation. Il est important de se reporter aux documents pour connaître les périodicités des indicateurs, et, partant, assurer une surveillance optimale.
- **Il est bon de donner une visibilité** sur les premiers constats aux personnes concernées par le fonctionnement du dispositif. De petites réunions d'information suffisent (de 15 à 20 min). Outre la dynamique de fonctionnement que cela crée, cette démarche a également un **effet mobilisateur** quant à l'implication des agents sur cette tâche de collecte (qui, rappelons-le, s'ajoute aux tâches quotidiennes de

production). L'information n'est plus l'attribut unique du responsable, un instrument de pouvoir, mais un élément de **partage** restitué à ses initiateurs.

- En cas d'anomalie, le responsable alerte les parties concernées, et, le cas échéant, mène avec elles une action de résolution du dysfonctionnement.
- Certaines adaptations sont possibles, notamment sur les dispositifs de collecte manuels. Théoriquement, ces aspects ont été vus et traités lors des étapes de tests. Toutefois, certaines situations concrètes nouvelles ou exceptionnelles peuvent survenir. Il est donc indispensable de les prendre en compte pour ne pas fausser les résultats.

Fiche N°43 – Étape 2 – Interpréter les résultats de synthèse

Objet : proposer une démarche pour lire et communiquer les constats

Problématique

L'expérience montre que la conception d'un tableau de bord s'arrête souvent à la seule élaboration du dispositif. Une fois doté de l'instrument, le responsable se trouve souvent démuni quant à son utilisation : difficultés à lire les graphiques, à faire des liens avec des phénomènes, à proposer un commentaire pertinent... La capacité à « lire » les indicateurs fait bien souvent défaut. D'où l'importance de disposer d'une « démarche » de lecture.

Comment interpréter les résultats dans une optique opérationnelle ?

Idées clés

- ✓ Interpréter ne signifie pas déformer ou projeter la réalité.
- ✓ Interpréter les résultats requiert d'adopter une attitude de questionnement et d'ouverture.
- ✓ L'interprétation doit être abordée pour faire comprendre une situation à quelqu'un qui ne connaît pas le contexte.
- ✓ Formaliser les constats va dans le sens de la clarification et de la communication.

- Tout comme le symptôme amène le médecin à s'interroger sur l'état intérieur du patient, la valeur de l'indicateur doit conduire le responsable à se questionner sur l'état de fonctionnement de son unité.

■ Cette phase est probablement la plus déterminante pour le responsable : elle détermine les décisions qui conduisent à l'action. Interpréter ne signifie donc pas **déformer** ou **projeter** la réalité. Il s'agit de **restituer** un niveau de lecture qui explique le fonctionnement concret du système. L'objectif est bien entendu de **décider** d'engager (ou non) une action de régulation.

■ Le travail consiste à **mettre en relation** les résultats des **indicateurs** avec des informations concrètes relatives au fonctionnement du système. Par exemple, la dégradation du délai de traitement d'une demande d'abonnement (indicateur de suivi) est peut-être causée par le manque de maîtrise du produit d'agents non titulaires ou nouvellement formés (information concrète sur le fonctionnement du service). L'action de régulation consisterait alors à renforcer la formation, et/ou à fournir des procédures de traitement plus explicites, et/ou à adapter temporairement l'organisation pour privilégier la réduction des stocks en attente.

■ Les documents élaborés lors des étapes précédentes constituent un guide précieux, notamment le *dictionnaire des indicateurs*. À travers les composantes de chaque indicateur, le responsable trouve une voie pour interpréter les résultats :

Voir fiche 35, p. 115

- Que représente l'indicateur ?
- Est-ce un indicateur important ?
- Quelle est la valeur enregistrée ?
- Quelle est la variation constatée (régression, stagnation, amélioration) ?
- En quoi la valeur est-elle acceptable ? inacceptable ?
- Quels sont les risques (opportunités/menaces) possibles en cas de maintien de cette valeur ?
- Existe-t-il un lien avec un autre indicateur ? si oui, comment cette interaction peut-elle s'interpréter ?
- Quel phénomène externe ou interne peut expliquer le niveau enregistré ?

■ Le responsable a intérêt à **formaliser** ces interprétations, d'une part, pour en garder trace (dans quelques semaines, il n'aura plus en mémoire les événements contextuels), d'autre part, pour pouvoir informer son entourage, et notamment sa hiérarchie.

- L'aptitude à écrire de manière synthétique constitue un atout. En quatre ou cinq lignes, le destinataire doit comprendre la situation, même s'il ne connaît pas le contexte. L'interprétation consiste à mettre en avant la nature de l'indicateur et ce qu'il est censé traduire, puis à se positionner sur le niveau du résultat, pour ensuite évoquer les phénomènes pouvant être à l'origine du constat. Par exemple : « *L'absentéisme du service Espaces verts a fortement régressé ces 3 derniers mois (– 3 points) suite à l'action de réorganisation des activités entre équipes. La tendance est donc à l'amélioration, même si le niveau actuel de l'absentéisme (9,7 %) reste au-delà de l'objectif fixé de 4,8 %* ».
- Le responsable doit non seulement s'interroger sur le système mais parfois sur le cadre du système. Cela peut alors le conduire à faire évoluer le tableau de bord, soit en révisant les composantes de certains indicateurs (objectifs, normes, fourchette de tolérance…), soit en changeant la nature même des indicateurs, notamment lorsque le *contexte* a fortement évolué.

Voir fiche 45, p. 151

Fiche N°44 – Étape 3 – Définir les actions correctives

Objet : replacer les constats du passé dans l'action future

Problématique

Le tableau de bord donne une photographie de l'état de fonctionnement du système. Cette abstraction par rapport à la réalité gêne certains responsables qui ont des difficultés à relier l'indicateur à l'action, le passé au futur. C'est pourtant le but de la démarche : décider, mettre en œuvre et suivre les actions pour améliorer le fonctionnement du système.

Comment définir les actions d'adaptation ?

Idées clés

✓ Avant de définir les actions, il est indispensable de définir des objectifs !
✓ Agir consiste d'abord à « voir » le lien entre l'objectif et les résultats.
✓ En matière d'action, il n'y a pas de « bonne » ni de « mauvaise » solution : il y a des actions adaptées ou non à un contexte.
✓ Fixer les actions à travers le « 4 Q » : quoi ? qui ? quand ? quels moyens ?
✓ Seule l'action collective apportera des améliorations : il est donc nécessaire d'y associer les autres et de leur communiquer les résultats observés.

■ La plupart des responsables souffrent « d'actionnite » aiguë, entendons par là que les difficultés rencontrées ne proviennent pas d'un manque de définition d'actions, mais bien plutôt d'une définition d'**actions pertinentes** par rapport à un problème. En résumé : trop d'actions inefficaces, pathologie répertoriée à l'encyclopédie du management sous l'appellation « Syndrome du Yaka ».

Voir fiche 43

- À travers l'*analyse des données* du tableau de bord, le responsable a une vision déjà plus distanciée sur les éléments des problématiques. Définir les actions de régulation suppose d'adopter la même attitude : **ouvrir sa réflexion** pour évaluer la pertinence qu'il y a à agir (il est parfois plus important de ne rien faire que de vibrionner), innover pour proposer des voies de traitement des dysfonctionnements plus profondes et plus durables (le seul court terme ne doit plus être le seul objectif).
- En matière d'outils, la **dynamique de groupe** et les ressorts de la **créativité** sont les ressources principales de cette étape. Il s'agit en effet de définir **ensemble** des **solutions innovantes** destinées à améliorer durablement le fonctionnement du système.
- Définir les actions est une phase importante en termes de **management d'équipe**. Le responsable n'est pas obligé de **définir tout seul** les actions utiles pour améliorer le fonctionnement du système. Bien au contraire : c'est l'occasion **d'associer** les différents acteurs concernés pour que l'ensemble des aspects puissent être pris en considération, et que chaque acteur se sente responsable des évolutions à réaliser.
- Quels que soient les résultats de l'analyse, l'étape commence par la définition des objectifs visés, qui peuvent être :
  - **développer** une situation : les résultats sont bons, l'enjeu consiste à les améliorer. Pour ce type d'objectif, la réflexion porte en premier lieu sur la pertinence qu'il y a à poursuivre l'amélioration (la priorité ne doit-elle pas être donnée à un autre aspect ? la tendance va-t-elle se poursuivre ?...), puis d'en envisager les modalités concrètes.
  - **consolider** une situation : il ne s'agit pas de poursuivre le développement sur le domaine concerné, mais de maintenir le niveau de performance considéré comme conforme aux objectifs. Les actions sont destinées à assurer la régulation du fonctionnement du système dans le domaine concerné.
  - **rattraper** une situation : les résultats ne sont pas conformes aux objectifs et font peser un risque pour le système. Les actions, à fort degré de priorité, se

rapportent à plusieurs registres de traitement, et peuvent faire l'objet de la mise en place d'indicateurs temporaires.

Voir infra

- À partir des objectifs, et compte tenu des pistes identifiées lors de l'étape *d'interprétation*, le responsable a intérêt à définir des actions se rapportant à trois registres :

Voir fiche 43, p. 144

  - Actions **palliatives** : rapides, elles visent essentiellement le court terme, sans toutefois traiter les difficultés en profondeur (quand il y a le feu, il faut bien l'éteindre !). Ce sont généralement ces types de solutions qui sont privilégiés dans les structures.
  - actions **curatives** : elles sont destinées à résoudre plus en profondeur le dysfonctionnement constaté. Ce type de solutions se situe dans le registre du moyen terme, en impliquant des moyens plus substantiels que les solutions palliatives.
  - actions **préventives** : destinées à éviter l'occurrence d'un phénomène, ces solutions sont liées au long terme et impliquent une évolution des comportements des acteurs du système. En matière de tableau de bord, elles conduisent également à faire *évoluer son contenu.*

Voir fiche 45, p. 151

- Chaque action est définie par 4 domaines, récapitulés dans l'outil « 4 Q » :
  - la **nature** (quoi ?) : caractérise l'action proprement dite, par exemple : « Réaliser une campagne d'information auprès des clients. » Elle se formule par un verbe à l'infinitif et un complément d'objet.
  - le **responsable** (qui ?) : acteur interne ou externe au système qui prend en charge la réalisation de l'action conformément aux termes définis.
  - **l'échéance** prévisionnelle (quand ?) : date précise au terme de laquelle l'action doit être achevée. Ne pas se contenter d'une mention du type : « Pour fin du mois de septembre », mais préférer : « 28 septembre 2003 ».
  - les **moyens** (quels moyens ?) : certaines actions supposent la mise en œuvre de moyens particuliers (ex. : un mailing). Dans ce cas, il est utile de préciser les moyens prévus pour situer le champ d'intervention.
- Les solutions doivent être **formalisées** à travers un support qui a deux fonctions :

- **fixer les responsabilités** : des différents intervenants sur les actions à réaliser ;
- **permettre le suivi** de l'avancement des travaux : s'assurer que toutes les actions prévues sont bien réalisées conformément au planning défini.

Nature des actions	Responsable	Planning		Moyens	Observations
		Prévis.	Réel		
Réaliser une campagne d'information	Dion Marketing – Mlle Laure	15.11.AA		Mailing	Les courriers sont reçus par les clients au 15.11.AA

- Le plan d'action ne traite pas les problèmes ! C'est un **moyen** pour que les acteurs interviennent de manière pertinente. Le **suivi du plan** d'action (« reporting ») est donc primordial : s'assurer que ce qui a été prévu est effectivement réalisé. La dimension de management, à travers les **capacités relationnelles**, est déterminante. Le responsable a intérêt à réaliser périodiquement des réunions de suivi, plutôt qu'un simple suivi individuel. Il crée ainsi une dynamique de groupe où l'action de chacun se retrouve dans un résultat collectif.
- Dès que les actions sont réalisées, il est indispensable d'observer l'évolution des résultats à travers les indicateurs. Ce, dans le but de valider la pertinence des actions et, le cas échéant, d'adapter les actions. Les indicateurs jouent alors pleinement leur rôle de témoins, et le tableau de bord permet réellement de piloter l'action.
- L'information des acteurs constitue le pivot de la dynamique engagée : le responsable doit tenir informés ses partenaires des progrès (ou stagnation) constaté(e)s.

Fiche N°45 – Étape 4 – Faire évoluer le tableau de bord

Objet : identifier les points clés pour faire évoluer le tableau de bord

Problématique

Élaborer un tableau de bord représente un investissement temps important. Certains pourraient être tentés de l'amortir sur une durée relativement longue ! Cela n'est pas souhaitable : l'utilité d'un tableau de bord résulte de son adéquation avec le contexte. Le responsable doit donc faire évoluer son tableau de bord pour lui conserver tout caractère opérationnel.

Comment procéder aux évolutions du tableau de bord ?

Idées clés

✓ Un tableau de bord qui n'évolue pas est voué à une mort inéluctable !
✓ Le responsable doit adopter une attitude de veille pour détecter le moment propice à l'évolution du tableau de bord.
✓ Attention aux évolutions sauvages ! Les résultats sont souvent surprenants...
✓ Respecter le cycle de développement, même si certaines étapes peuvent être réduites.
✓ Encore une fois, il faut communiquer les évolutions aux utilisateurs.

■ Les lois de la nature s'appliquent également au tableau de bord : il doit évoluer sous peine de disparaître ! Depuis le début de cet ouvrage, nous insistons sur la nécessaire adéquation entre le tableau de bord et son contexte : cela se traduit par une **veille permanente** destinée à adapter le dispositif aux évolutions de l'environnement.

■ L'évolution peut s'entendre comme une simple **adaptation** du dispositif, par rajout ou modification d'un indicateur. Ce peut être également des **compléments** ponctuels apportés aux indicateurs de base suite à un plan d'action prioritaire. Enfin, il peut s'agir d'une **révision en profondeur** du dispositif originel s'il n'est plus en cohérence avec l'environnement qu'il est censé contrôler. Quelle que soit l'ampleur de l'évolution, le responsable a intérêt à parcourir les principales étapes de la démarche, pour éviter toute modification intempestive.

■ Les évolutions portent sur :

- Le **fond** : il s'agit bien entendu des indicateurs proprement dits. Cela peut aller de la révision des modules de calcul (attention aux évolutions des intrants qui sont déjà des calculs élaborés !) jusqu'à la disparition complète de l'indicateur du fait de son inadaptation à suivre un phénomène.
- La **forme** : le responsable doit avoir le souci constant d'une bonne lisibilité des informations restituées à travers le tableau de bord. Toute amélioration susceptible de faciliter la perception et la « navigation » entre les niveaux d'information doit être examinée. Attention toutefois à ne pas tomber dans une approche de gadgétisation, où le côté « tape à l'œil » risquerait paradoxalement de faire perdre de vue l'essentiel.

■ Les évolutions du tableau de bord peuvent être dictées par des **facteurs** multiples :

- Une **réorientation de la stratégie** : ce sont probablement les modifications les plus profondes, car elles concernent les fondements mêmes du dispositif. En tant que relais de la stratégie, le responsable doit en permanence s'assurer de la cohérence de son tableau de bord avec la stratégie définie.
- Une volonté de **cerner temporairement** un phénomène : sans remettre en cause la structure de base du tableau de bord, le responsable souhaite suivre un aspect particulier d'un domaine déjà sous contrôle, ou d'un domaine nouveau. Cela revient à ajouter au dispositif existant certains indicateurs, pour une durée limitée.

- Un changement dans l'une des **composantes existantes** : par exemple, une modification issue du système d'information (disparition d'une donnée). Ce type d'évolution suppose au préalable une analyse des impacts sur le dispositif et la mise en œuvre de solutions pouvant aller de moyens palliatifs pour obtenir l'information manquante jusqu'à une évolution de la règle de calcul.

■ Il n'y a pas de règle stricte quant à la **fréquence** d'actualisation. Certes, le cadrage sur la stratégie entraîne une révision du tableau de bord au moins annuellement. L'attitude le plus adaptée est celle de **veille permanente**, assortie d'une réflexion critique sur **l'utilité** de faire (ou non) évoluer le dispositif.

■ Une évolution du tableau de bord s'effectue à partir d'une réflexion de type « résolution de problème ». Il ne s'agit pas de modifier quelque chose sans évaluer la **pertinence**, ni d'anticiper les conséquences de cette modification. Pour ce dernier point, la modification est menée par référence à la trame méthodologique, même si c'est en réduisant le cycle. La démarche est également conduite au travers d'une réflexion collective.

■ Tout comme lors de l'élaboration du dispositif initial, nous insistons sur l'importance de la **phase de test**. Seule une modification validée après des tests peut faire l'objet d'une mise en production courante.

■ Outre les adaptations techniques, l'évolution du tableau de bord entraîne **l'actualisation** de la **documentation**. Il s'agit d'éviter toute déperdition sur les origines et modalités des évolutions réalisées. Cette pratique permet au responsable, ainsi qu'aux destinataires des résultats du tableau de bord, d'être plus à l'aise quant à l'exploitation des informations. Dans une utilisation historique, le responsable est à même de retracer les événements marquants du dispositif.

■ L'évolution du tableau de bord fait l'objet d'une **démarche de communication** vis-à-vis des destinataires. Elle consiste à porter à la connaissance des utilisateurs :

- l'objectif de l'évolution et ses causes originelles,
- la nature de la modification,

- les conséquences induites par cette évolution dans l'exploitation des données du tableau de bord,
- les précautions éventuelles dans la mise en œuvre de cette évolution.

■ Il ne s'agit pas pour autant de modifier constamment les composantes du tableau de bord. Le risque encouru est de rendre l'outil inutilisable. Si tel était le cas, cela voudrait dire que les indicateurs ne correspondent pas aux besoins de gestion du responsable, et que probablement la phase de conception a été trop superficielle, voire omise.

Chapitre 4

Les outils pour élaborer son tableau de bord

Fiche n° 58 : *Conduire une réunion d'information descendante*

Fiche n° 59 : *Conduire une réunion de travail*

Fiche n° 60 : *Conduire une réunion décisionnelle*

Fiche n° 61 : *Repérer le comportement des acteurs*

Fiche n° 62 : *Approche « rationnelle » de la décision*

Fiche n° 63 : *Approche affective de la décision*

Fiche n° 64 : *Savoir questionner le système*

Fiche n° 65 : *Exemples d'indicateurs*

Fiche n° 66 : *Élaborer un guide d'utilisation du tableau de bord*

Fiche n° 67 : *La maintenance du tableau de bord*

Fiche n° 68 : *Exemple d'application*

Fiche N°46 – Le diagnostic de l'unité

Objet : guide pour analyser le fonctionnement de l'unité

Problématique

Nombre de responsables se plaignent du fonctionnement de leur structure… en réclamant généralement plus de moyens ! Cette approche trouve rarement écho auprès des décideurs. Le rôle du responsable est bien de transmettre de l'information, à condition qu'elle soit précise et argumentée. Le tableau de bord est à ce titre un outil privilégié pour alimenter une approche diagnostic.

Comment réaliser un diagnostic de l'unité à l'aide du tableau de bord ?

Idées clés

- ✓ Le diagnostic se fonde sur des constats qualitatifs et quantitatifs.
- ✓ Le diagnostic pose un regard distancié sur le fonctionnement de l'unité : il procède par effet miroir sans juger.
- ✓ Il faut réaliser un diagnostic de manière cyclique (au moins une fois par an) pour vérifier l'état de fonctionnement du système.
- ✓ La force du diagnostic réside dans la capacité à faire des liens entre les constats effectués : un paramètre du système influe généralement sur un autre paramètre.
- ✓ Le diagnostic ne doit pas être tabou : communiquer les conclusions permet d'avoir un dialogue adulte avec ses collaborateurs et sa hiérarchie.

■ L'objectif du diagnostic est **d'évaluer** le niveau de performance d'un système pour décider, le cas échéant, d'apporter des modifications destinées à renforcer son adaptation au contexte et à améliorer son fonctionnement.

■ La démarche de diagnostic consiste à identifier les **points forts** et les **points perfectibles** du système étudié à partir d'informations non interprétées (constats).

■ Il s'appuie sur des informations **qualitatives** (les domaines d'observations) renforcées par des informations **quantitatives** (les niveaux de performance). C'est l'alliance de ces deux niveaux d'informations qui fait la valeur et la légitimité du diagnostic. Nous voyons dès lors toute l'importance que revêt le tableau de bord quant à l'évaluation des niveaux de performances et l'orientation du diagnostic.

■ Le diagnostic vise principalement à identifier les **écarts** par rapport à une situation attendue, puis à évaluer leurs caractéristiques : constituent-ils une **opportunité** pour le système, ou au contraire une **menace** ?

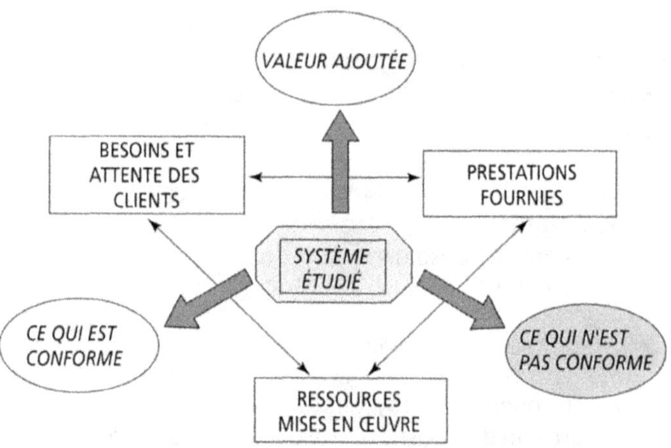

Voir fiche 5, p. 16 ■ L'*approche systémique* constitue un bon support pour réaliser le diagnostic. Rappelons ici les différents domaines d'analyse, en respectant l'approche externe / interne :

- Diagnostic **externe** :
  - Nature des missions
  - Évolution du contexte
  - Satisfaction des clients
  - Qualité des extrants
  - Évolution des flux reçus des fournisseurs
  - Qualité des intrants

- Diagnostic **interne** :
  - Répartition des activités
  - Efficacité des méthodes
  - Maîtrise de la dimension temps
  - Adéquation de l'implantation spatiale

Le schéma 1 récapitule les différentes étapes du diagnostic :

Démarche de diagnostic

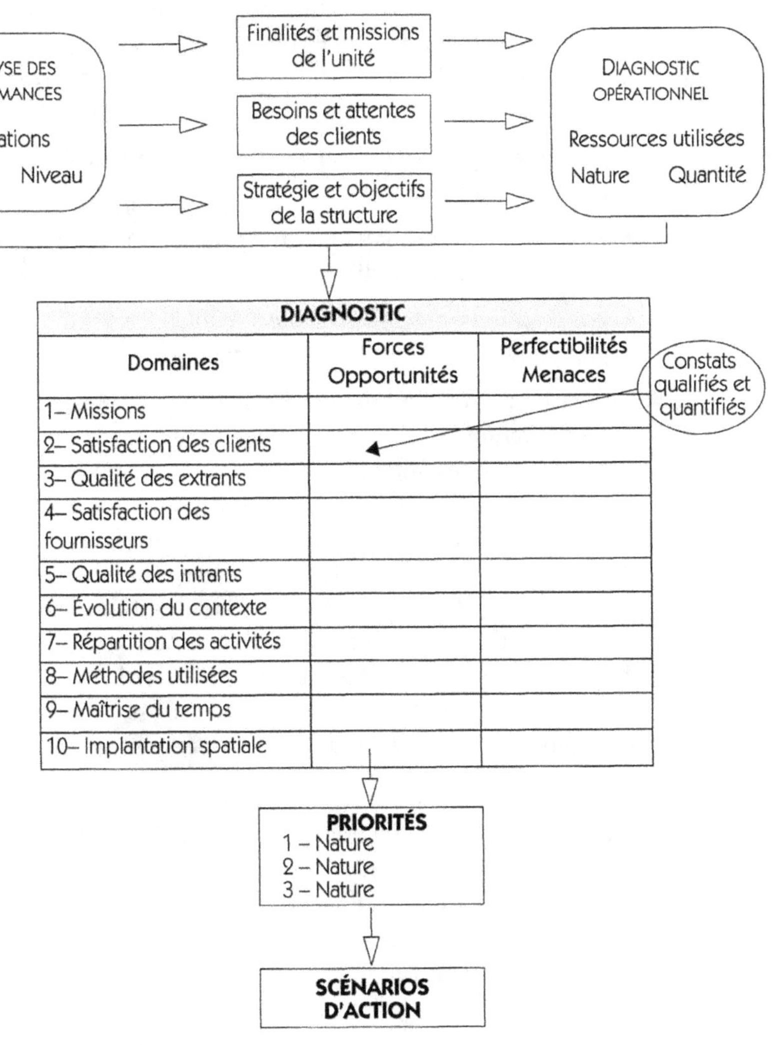

DIAGNOSTIC		
Domaines	**Forces Opportunités**	**Perfectibilités Menaces**
1– Missions		
2– Satisfaction des clients		
3– Qualité des extrants		
4– Satisfaction des fournisseurs		
5– Qualité des intrants		
6– Évolution du contexte		
7– Répartition des activités		
8– Méthodes utilisées		
9– Maîtrise du temps		
10– Implantation spatiale		

- La valeur ajoutée du travail du responsable consiste à identifier les aspects les plus marquants de l'état du fonctionnement de son système, pour ouvrir une réflexion vers l'action. L'utilisation de l'approche « résolution de problème » est à ce titre une compétence indispensable. Elle articule en effet les éléments relatifs à :

  - la **problématique** : en quoi la valeur constatée témoigne-t-elle d'une difficulté avérée ou latente ? laquelle ? quels objectifs de rattrapage, de renforcement, de développement, fixer ?
  - **l'analyse** : quels sont les éléments explicatifs (constats) qui traduisent cette valeur ?
  - les **causes** : quels sont les facteurs potentiels à l'origine de la dégradation de l'indicateur ?
  - les **solutions** : quelles actions palliatives, curatives, préventives, engager pour revenir vers l'objectif assigné ?

- La réflexion s'amorce à partir des valeurs des indicateurs. **L'interprétation** consiste à expliciter le niveau de performance à partir des faits, des événements en relation avec le domaine mesuré. Il est aussi important de rechercher les relations pouvant exister entre indicateurs, et qui peuvent renforcer une explication donnée. Le responsable doit se **positionner** quant à l'acceptation du constat : est-il nécessaire d'entreprendre quelque chose ? Dans l'affirmative, il propose des **actions** destinées à réguler le système. Selon la nature de la solution, il **engage** les actions proprement dites, ou **informe** sa hiérarchie si son pouvoir de décision n'est pas suffisant.

- Le diagnostic doit toujours être **formalisé** à travers une **note.** Outre le caractère synthétique de l'exercice (il ne s'agit pas de faire une thèse, mais de récapituler des aspects marquants dans une optique opérationnelle), la note de synthèse constitue une « trace », une mémoire à laquelle on peut se référer pour suivre un phénomène dans le temps.

Fiche N°47 – La fiche indicateur

Objet : maquette permettant de récapituler les composantes d'un indicateur pour constituer le dictionnaire des indicateurs

Problématique

Les composantes d'un indicateur sont souvent claires lors de la conception du tableau de bord. Mais le temps fait son œuvre sur la mémoire, et il arrive parfois que, quelques mois après, le responsable ne se souvienne pas précisément de la signification de tel ou tel paramètre.

Comment éviter la déperdition d'information avec le temps ?

Idées clés

- ✓ Chaque indicateur est décrit sur une fiche, dont l'ensemble constitue le répertoire des indicateurs.
- ✓ Chaque fiche doit être mise à jour selon l'évolution du contenu.
- ✓ Il faut valider le contenu des fiches pour vérifier leur facilité d'exploitation.
- ✓ Faire une revue des fiches de manière périodique.

■ Pour éviter les désagréments dus à la perte d'information, le responsable a intérêt à **formaliser** les *caractéristiques des indicateurs* définis. La ***fiche indicateur*** semble être le moyen le plus adapté, à la fois pour harmoniser le cadre de définition des indicateurs et pour constituer une documentation accessible à toute personne.

Voir fiches 26, p. 89, 66, p. 241

Voir fiche 47, p. 161

■ Il s'agit de reprendre les éléments qui ont été précisés lors de la *définition des indicateurs*, pour les formaliser sur un **document homogène** :

Voir fiche 29, p. 98

- ce qu'il est censé mesurer : éléments d'information générale, notamment le « pour… quoi ? » et le « pour… qui ? »,

- comment il est mesuré,
- comment il est représenté,
- comment les résultats sont interprétés.

■ Les fiches doivent être rédigées par le responsable. C'est lui qui est amené à les interpréter, il s'agit donc qu'il puisse retrouver ses propres repères. Rien ne l'empêche cependant de se faire aider par une ressource externe, notamment pour préciser les éléments de calcul de l'indicateur.

■ Une fois rédigées les fiches sont **validées** par les acteurs du projet, de manière à vérifier la facilité de compréhension du contenu par un tiers (que se passe-t-il si le responsable est absent lors de l'édition du tableau de bord ?), et la **capacité d'utilisation** des informations.

■ Pour faciliter la consultation et la mise à jour des fiches, ce répertoire de fiches peut être géré sous environnement informatique. Il faut veiller à intégrer des sécurités destinées à éviter les mises à jour sauvages par des personnes non habilitées !

■ Ces fiches doivent être **actualisées** chaque fois qu'une évolution importante est effectuée. Il ne s'agit pas d'avoir un document obsolète au bout de quelques mois. Il est donc important de nommer un responsable de mise à jour, si le responsable de l'unité souhaite déléguer cette tâche.

Tableau de bord - Dictionnaire des indicateurs	
Caractéristiques générales	• Nom de l'indicateur : • Nature : • Destinataire : • Objet mesuré : • Périodicité de mesure :
Caractéristiques d'élaboration	• Modalités de calcul : • Origine des données : • Fréquence de calcul : • Éléments d'analyse :
Caractéristiques de représentation	• Type de représentation graphique : • Symbole ou pictogramme utilisé : • Codes couleur associés : • Indicateur de tendance :
Caractéristiques d'interprétation	• Mode de lecture : • Questions à se poser : • Causes possibles selon les constats : • Pistes d'actions selon les tendances : • Anomalies éventuelles :
Date de mise à jour :	Responsable de mise à jour : Page no :

FICHE DE DÉFINITION D'INDICATEUR

Établissement : **Unité :**	**N° d'indicateur :**
Propriétaire :	
Destinataires :	
Nom de l'indicateur :	
Nom abrégé :	
Objectif opérationnel :	
Base de calcul :	
Formule de calcul :	
Unité :	
Tolérance par rapport à l'objectif :	
Périodicité :	
Date de mise à disposition	
Responsable de l'élaboration	**Émetteur :**
Reporting	
Mode :	**Destinataire des reports :**
PRÉSENTATION :	

(unité)		*(Service)*	*(Nature du suivi)*
Période :		**Objectif : / Réalisé :** **ÉCART :**	
Jeunes en projet 60 50 40 30 20 10 0 1 2 3 4 Trimestre OBJECTIF RÉALISÉ		**Commentaires :** –	

FICHE N°48 – LES DOMAINES DE MESURE ET DE SUIVI

Objet : identifier la nature des paramètres qui peuvent être mesurés

Problématique

En matière de mesure, les domaines suivis sont relativement restreints. Au-delà des « volumes » et des « coûts », les responsables ont parfois des difficultés à identifier la nature des paramètres à chiffrer. Il est donc utile d'avoir une grille de référence pour déterminer les dimensions mesurables.

Quels sont les principaux domaines de mesure d'un service ?

Idées clés

- ✓ Les volumes ne sont pas les seuls aspects à mesurer !
- ✓ Une bonne observation du fonctionnement du système ouvre de multiples pistes d'indicateurs.
- ✓ Il convient de se référer à des banques d'indicateurs, des monographies..., pour bénéficier de l'expérience des autres.
- ✓ Attention cependant aux indicateurs gadgets ! Faire simple reste la clé du tableau de bord opérationnel.

Voir fiche 49, p. 168

■ La mesure ne fait pas encore partie de la *culture* de certains domaines d'activités, notamment ceux du tertiaire. Les responsables rencontrent parfois des difficultés à trouver des indicateurs. Plusieurs pistes de réflexion peuvent être envisagées.

Voir fiche 5, p. 16

■ Une approche simple consiste à se référer au ***schéma de système*** simplifié. Dans cette représentation, **4 aspects** essentiels sont identifiés :

- les **intrants** : flux enregistrés en entrée, qui déclenchent le fonctionnement du système ;
- les **extrants** : flux enregistrés en sortie, qui résultent du fonctionnement du système ;
- les **modules** de traitement : activités ou processus qui permettent le traitement des flux entrants ;
- les **ressources** : les moyens mis à disposition pour réaliser les activités.

■ La **roue de la performance** constitue une grille de réflexion facile. Voici les **7 facteurs** qui en constituent les composantes :

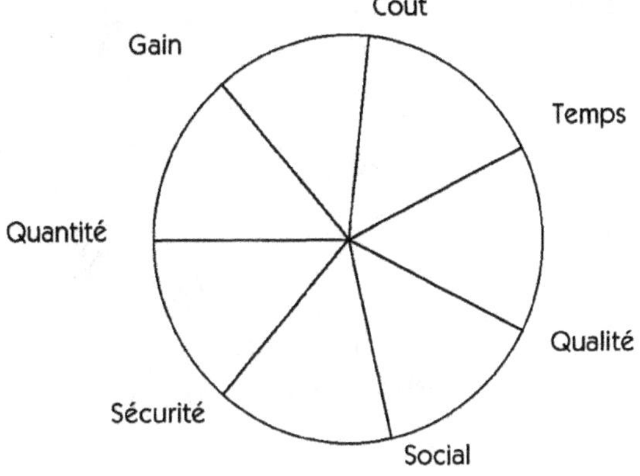

- **Quantité** : nombre, volume, poids…, constatés, quel que soit le domaine (ex. : entrées, sorties, stocks…).
- **Gain** : valeur acquise à travers le fonctionnement du système (ex. : chiffre d'affaires). À noter que pour les unités qui ne génèrent pas du chiffre d'affaires (centres de coûts), il peut être intéressant de considérer le budget alloué.
- **Coût** : dépense engagée pour le fonctionnement du système.
- **Temps** : charge ou délai constaté.
- **Qualité** : degré de satisfaction ou de conformité.
- **Social** : aspect humain (ex. : absentéisme, turn-over).
- **Sécurité** : des biens et des personnes, y compris l'information (ex. : accident du travail, vol de fichiers, intrusions).

Il est intéressant de constater sur le schéma les **interactions** entre facteurs. Par exemple, une augmentation des dossiers entrants (intrants / quantité) peut avoir des répercussions sur :

- le niveau de qualité (dégradation),
- le climat social (absentéisme au-delà d'un seuil de saturation),
- les délais de traitement (augmentation du délai),
- les stocks (quantités non traitées).

■ Une autre grille de réflexion consiste à considérer les **critères de performance** du système :

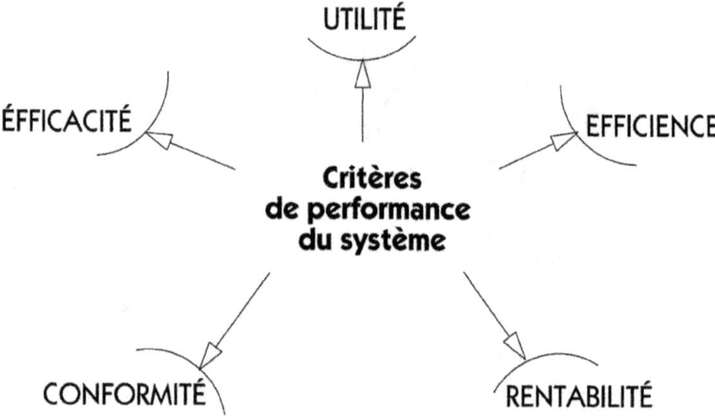

- **Utilité** : adéquation de la prestation par rapport aux besoins de l'environnement. Par exemple, un faible nombre de connexions d'usagers à un service proposé peut mettre en évidence une utilité discutable de la prestation.

- **Efficience** : pertinence des ressources utilisées pour obtenir le résultat recherché.

- **Rentabilité** : profits financiers induits par le fonctionnement du système. Un système qui génère un volume important de chiffre d'affaires et qui réduit ses coûts sera considéré comme particulièrement rentable !
- **Conformité** : niveau de respect des normes fixées.
- **Efficacité** : capacité à obtenir un résultat recherché.

Ces domaines de mesure se concrétisent généralement par des indicateurs élaborés, qui mettent en rapport des indicateurs simples. Par exemple, le rendement (efficacité) met en rapport la quantité produite avec le temps.

■ Une démarche très riche consiste enfin à **observer** le fonctionnement du système, et à noter l'ensemble des composantes qui interagissent : machines, matières, personnel, dossiers... Méthode simple, mais qui, réalisée avec rigueur et dans un esprit d'ouverture, permet d'envisager des domaines de mesure auxquels on ne pense pas spontanément.

FICHE N°49 – CRÉER UNE CULTURE DU CHIFFRE

Objet : les résistances au changement appliquées au domaine des tableaux de bord

Problématique

Il y a des secteurs d'activités, des strates de l'entreprise, qui restent réfractaires à la matière chiffrée. Le chiffre serait donc un sujet tabou ?... Il n'est donc pas étonnant que des projets de tableau de bord soient mort-nés. Cette situation n'est pourtant pas rédhibitoire. Il est possible (et indispensable) de faire évoluer les cultures d'entreprise afin qu'elles intègrent les dimensions chiffrées.

Comment développer une culture du chiffre ?

Idées clés

- ✓ Culturellement, le chiffre fait peur, surtout dans les activités de type administratif : « Chiffrer, c'est devoir rendre des comptes, c'est fliquer ! »
- ✓ Quantifier permet de substituer la connaissance à la croyance, mais aussi de valider des intuitions.
- ✓ L'approche culturelle du chiffre dépend des métiers.
- ✓ La rétention des chiffres par les responsables conduit généralement à des dysfonctionnements humains.
- ✓ Partager les données chiffrées diminue le pouvoir et augmente l'autorité.
- ✓ Utiliser les chiffres comme outil de répression est la meilleure façon de créer une réaction contre les chiffres !

■ Le chiffre reste tabou car il fait **peur**. De nombreuses raisons expliquent ce constat, qui sont, pour la plupart, à rechercher dans les excès commis par ceux qui en sont friands : les managers.

- Tout d'abord, il est bien connu que la peur trouve son origine dans **l'ignorance**. Il existe encore des structures où des agents procèdent à des mesures dont ils ignorent le sens ; la hiérarchie ne leur a rien expliqué, et elle ne leur restitue aucun résultat. Il est grand temps de se convaincre que l'information partagée diminue le pouvoir (au sens « petit chef ») et accroît l'autorité (au sens de charisme) !
- Le chiffre est l'artifice du **pouvoir**. Il est l'enjeu de luttes qui s'équilibrent dangereusement : les responsables ne veulent pas divulguer certaines informations aux collaborateurs, ceux-ci rechignent à donner des informations chiffrées, entretenant ainsi un flou sur leur domaine d'activité. Bref : l'illusion d'être indispensables !
- Enfin, l'héritage taylorien n'est pas encore totalement liquidé, et le chiffre reste trop souvent encore la **prérogative** du col blanc (du responsable). L'utilisation **perverse** des chiffres (détourner une mesure de son usage initial) ne peut que générer des réactions de méfiance ou de rejet.
- Le vecteur principal pour diffuser une culture du chiffre est **l'information**. L'objectif est d'instaurer une culture de **partage** et de **dialogue** autour de la matière chiffrée. Le responsable a de multiples occasions pour communiquer sur la matière chiffrée et pour en faire un véritable outil d'animation :
    - le ***projet tableau de bord*** : nous avons largement commenté cet aspect. Rappelons simplement la nécessité d'informer sur les finalités du dispositif, et ses modalités d'élaboration. Dans cette démarche, la notion de plan de communication est centrale pour informer avant, pendant et après le projet.
    - animer des ***réunions d'équipe*** : la matière chiffrée peut constituer un support d'animation de certaines réunions de service. À travers la dimension de diagnostic, il est alors possible de confronter les points de vue, de travailler sans ambiguïté sur les problématiques, les causes et les solutions.
    - ***fixer et suivre des objectifs*** : un objectif est centré sur un résultat à atteindre.
    - ***valoriser les résultats*** : il s'agit de redonner aux acteurs leur légitimité et leur responsabilité.

- Le deuxième vecteur d'évolution vers la culture du chiffre est **l'implication**. Les démarches participatives ont la vertu de démystifier un domaine considéré. Là également, plusieurs voies de travail sont possibles :
  - ***confier le suivi*** des chiffres à des acteurs opérationnels : participer à l'élaboration des supports, responsabiliser les agents dans la collecte et le traitement des données.
  - ***faire élaborer*** les états de synthèse : même si les états sont élaborés de manière automatique, il est possible de déléguer la responsabilité de l'élaboration des états à un collaborateur.
  - ***faire commenter*** les résultats par les opérateurs : ce sont eux qui très souvent collectent les chiffres ou, tout au moins, sont en contact direct avec les conditions de leur création. Ils ont une connaissance du contexte qu'il est nécessaire de recueillir (en ayant soin toutefois de ne pas cautionner la subjectivité).
- Le troisième vecteur est **l'accompagnement**. Le chiffre est un langage particulier qui mérite un apprentissage. Un collaborateur mais aussi bien un responsable qui débutent dans la manipulation d'un dispositif chiffré sont rassurés lorsqu'il existe un point d'appui. Citons par exemple :
  - ***l'assistance*** proprement dite : la notion de « référent » est un élément clé. Quels sont les acteurs de la structure qui peuvent apporter une réponse aux difficultés rencontrées ?
  - la ***formation*** : travailler sur la matière chiffrée s'apprend. Des modules de formations peuvent être conçus dans l'optique d'apprendre les techniques statistiques, de lire les résultats, d'élaborer une synthèse.
  - les ***procédures*** : formes d'accompagnement particulières ; tous les documents écrits, notamment dans le cadre du projet tableau de bord, participent à l'acquisition d'un savoir-faire.
- Dans certaines structures, le principal tabou que nous avons pu rencontrer se rapporte aux éléments de **coûts** : coûts de l'heure travaillée, salaire moyen par catégorie… Il existe une sorte d'entente tacite pour ne pas aborder ce genre d'information. Comment dès lors engager des processus d'optimisation et évaluer les retours sur investissement ?

Créer une culture du chiffre suppose de **traiter en priorité** ce genre de non-dit. Non pas dans une approche culpabilisante (« Vous coûtez tant !... »), mais plutôt dans le cadre d'un dialogue adulte (« L'enjeu sur les tâches sans valeur ajoutée est de X K€ »).

- Le plus important pour constituer une base de dialogue est de communiquer autour des méthodes de chiffrage. Le résultat peut être contesté, à condition que la méthode qui préside à son élaboration soit connue. Sans cette condition, il ne peut y avoir d'échange constructif.
- Vouloir développer une culture du chiffre est un travail de **moyen terme**. Il agit sur les **représentations** des acteurs et leurs **comportements**. Il est donc important de bien situer le niveau de départ (degré de réceptivité ou d'opposition, nature des leviers et des freins exprimés) pour définir les **modalités** de *mise en œuvre* de la démarche. *Voir fiche 50, p. 172*
- Il ne s'agit donc pas de détruire les acquis en utilisant les chiffres comme moyen répressif. Rechercher la « **faute** » à l'aide de chiffres provoque des effets désastreux : le dialogue n'est plus possible, et les comportements générés s'orientent souvent vers la dissimulation et la revendication. Ce type de management perdure encore de nos jours. Il est préférable d'adopter une démarche « **adulte** » de résolution de problème, ce qui ne veut pas dire que, si des limites sont dépassées, un rappel par rapport au cadre de fonctionnement ne s'impose pas.

FICHE N°50 – METTRE EN ŒUVRE UNE DÉMARCHE DE CHIFFRAGE

Objet : principes et précautions pour introduire une démarche de chiffrage dans une culture non habituée aux chiffres

Problématique

Dans sa démarche pour introduire le chiffrage, le responsable commet parfois certaines maladresses, qui nuisent à l'objectif visé. Par ignorance, ou excès de précipitation, il peut brûler ou omettre des étapes et des aspects déterminants, ce qui génère très souvent des comportements réactifs de la part des collaborateurs. Quelques précautions s'imposent.

Quels sont les points importants pour mettre en œuvre une démarche de chiffrage ?

Idées clés

- ✓ Il faut définir des règles du jeu et les respecter.
- ✓ L'élément clé reste la communication.
- ✓ Le temps passé à mettre en place la démarche de mesure est du temps investi : le retour se constate à moyen terme.
- ✓ Le responsable a le droit d'écouter ses collaborateurs.
- ✓ Il convient de capter suffisamment tôt les phénomènes de résistances au changement pour savoir les traiter.

■ Une démarche de chiffrage s'inscrit dans une **finalité** précise : situer la portée d'un phénomène identifié, à des fins d'action. Le **sens** apparaît donc comme le premier point déterminant de la réussite d'une action de chiffrage. Il permet, comme nous le verrons, de définir précisément le cadre de la mesure.

■ Définir le sens n'est pas suffisant : il doit être connu et intégré par les acteurs de la mesure. Les incompréhensions, voire les conflits, constatés dans ce type d'actions trouvent leur origine dans la méconnaissance du but de la démarche. **Communiquer** constitue la deuxième condition de réussite.

■ Les éléments précédents ne garantissent pas le succès de la démarche. Nous avons déjà évoqué les principes de **résistances au changement** : ils trouvent toute leur dimension dans les démarches de quantification (« c'est difficile à mesurer », « chez les autres services, c'est possible, mais chez nous... », « de toute façon ça ne donnera rien », « pourquoi mesurer ? ça fonctionne bien chez nous ! »...). Il est donc utile de capter les freins existants, pour les anticiper à travers un traitement adéquat qui peut être l'information, l'implication et parfois... le recadrage de l'acteur concerné !

■ Du point de vue méthodologique, nous conseillons de respecter les étapes clés suivantes :

- **déterminer l'objectif de la mesure** : que cherche-t-on à atteindre à travers la démarche de mesure ? Ces objectifs sont, à la fois, de nature :
  - **technique** : connaître une situation, définir le niveau de performance d'un phénomène, évaluer le degré d'acceptation de la situation, décider d'actions de régulation.
  - **humaine** : impliquer les acteurs dans la connaissance du fonctionnement du système, responsabiliser les acteurs, faire prendre conscience des caractéristiques du fonctionnement du système, faire évoluer les comportements au regard des résultats constatés...

Ce travail doit être réalisé par le responsable. C'est lui qui attend quelque chose de la démarche, c'est lui qui doit avoir la vision précise de ce qu'il recherche. Ensuite, seulement, il peut **informer** ses collaborateurs. À travers cette démarche, il réalise un acte de management, en posant un cadre à l'action. Cela n'empêche toutefois pas le dialogue autour de l'objectif.

- **définir précisément l'objet de la mesure** : que mesure-t-on ? quel est le phénomène que l'on va quantifier ? Ce travail est extrêmement important, puisqu'il définit la nature précise de l'objet mesuré et délimite ainsi son périmètre (« ce qui appartient au cadre de la mesure » **et** « ce qui n'y appartient pas »). Ce travail doit être réalisé avec les acteurs qui vont être impliqués dans la campagne de mesure. Pour être efficace, le responsable a intérêt à mener une réflexion préalable : c'est lui qui oriente la démarche, car il en attend des résultats précis en relation avec l'objectif préalablement défini.

Par exemple, s'il s'agit de quantifier la charge générée par les appels téléphoniques, l'objet peut être défini comme suit : « Quantifier le nombre d'appels téléphoniques reçus de la part des clients, par motifs. »

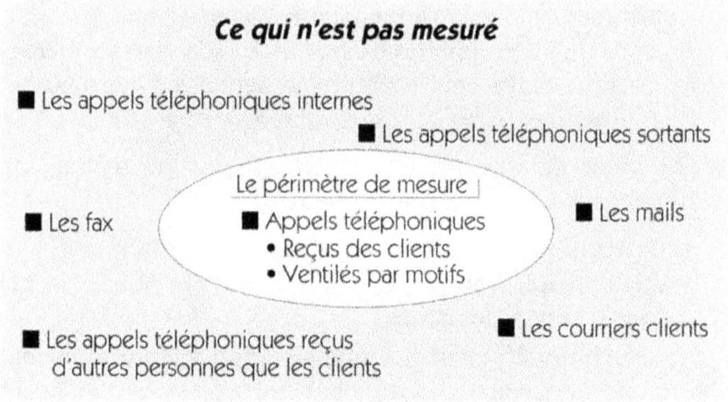

Ce qui n'est pas mesuré

- **définir l'indicateur de mesure** : avec quel élément va-t-on mesurer ? Comme nous l'avons vu, la définition précise de l'indicateur, tant dans ses composantes que dans ses modalités de mesure, constitue la clé d'une bonne démarche de chiffrage. L'implication des acteurs est un levier très important : certaines barrières tombent de fait en amenant les acteurs à dialoguer autour des composantes de la mesure, et en les associant à l'élaboration du dispositif.
- **élaborer un dispositif de mesure** : avec quel instrument va-t-on mesurer ? Il s'agit ici de définir les modalités techniques de recueil des données. Avant de faire quoi que ce soit, il est utile de s'informer sur les données existantes. Une simple exploitation de statistiques existantes peut suffire. Dans d'autres cas, un dispositif doit être élaboré et testé. L'implication des acteurs garantit, d'une part, l'adéquation du dispositif aux

réalités de suivi (ce sont eux qui vont devoir collecter les chiffres), d'autre part, une meilleure acceptation de la démarche, car ils se rendent compte sur pièces de ce qu'ils vont avoir à réaliser.

- **recueillir les données** : c'est l'action proprement dite de mesure. La durée de la mesure doit être calibrée à la fois par rapport aux enjeux (veut-on une précision extrême ou détecter les ordres de grandeur ?) et par rapport aux caractéristiques du phénomène mesuré (fréquence, nombre d'acteurs réalisant l'activité...). La présence du responsable est nécessaire pour valider les attitudes des acteurs dans le recueil, sans laxisme (si un acteur mesure comme il veut, quand il veut, ou travestit les chiffres !) ni surveillance extrême. Informer les acteurs sur les premières tendances constatées permet d'entretenir la mobilisation et développe une certaine motivation.
- **exploiter les données et informer** : les données collectées sont ensuite traitées (utiliser les représentations graphiques), puis les résultats sont communiqués aux acteurs de la campagne de chiffrage. C'est le moment le plus important : les acteurs constatent la réciprocité dans la démarche, ils recueillent le fruit de leurs efforts. Cette dynamique de communication offre une rupture avec les modèles établis (« le chef garde les chiffres ») et renforce le dialogue.

■ Le temps passé n'est pas du temps perdu : il est **investi**. Savoir patienter à la fois sur l'obtention des données (attention aux conclusions hâtives à partir de données partielles !), et sur l'acceptation de la mesure, est une démarche de moyen terme. Les **règles du jeu** doivent être définies, explicitées et surtout **respectées**. À ces conditions, il n'est pas rare qu'au final les acteurs proposent de poursuivre ou d'approfondir certaines mesures.

FICHE N°51 – LES TECHNIQUES POUR QUANTIFIER

Objet : quelques démarches pour pouvoir mesurer un phénomène

Problématique

Confronté à l'absence de culture du chiffre dans certains secteurs de l'entreprise, le responsable se trouve généralement démuni lorsqu'il s'agit de définir les modalités de chiffrage. Plutôt que de rester dépendant des experts maison, certes indispensables, il est préférable d'acquérir quelques notions de base sur les démarches et concepts de quantification.

Quelles sont les principales techniques de quantification ?

Idées clés

✓ Il s'agit de bien choisir sa démarche de chiffrage en fonction de l'objet mesuré.
✓ On peut faire appel à un expert pour mettre en œuvre une démarche de chiffrage.
✓ Ne pas rester dépendant d'un savoir d'expert : apprendre les bases des approches quantitatives.
✓ Avant toute chose, opter pour la simplicité : ce serait dommage d'inclure une démarche pointue et lourde, pour ne pas ensuite savoir l'exploiter !

■ Les techniques de quantification peuvent être définies en **trois** grands groupes :

- Les **mesures directes** : les phénomènes, identifiés précisément, sont dénombrés par observation directe, et exprimés en grandeurs mesurables. Les mesures sont réalisées par des dispositifs :
  - **automatiques** : compteurs d'unités, compteurs volumétriques, balances, horloges ;

- **semi-automatiques** : pointeuses (temps par machine ou produit de chaque ouvrier), totalisations de saisies (ventes, sorties de magasin...) ;
- **manuels** : relevés d'observations, de comptage, où l'opérateur note le phénomène à chaque fois qu'il se produit (ex. : nombre d'appels téléphoniques reçus, nombre de réclamations dans la semaine, temps de traitement d'un dossier, nombre de personnes dans une file d'attente à une heure déterminée). Ce type de démarche suppose que l'on prenne quelques *précautions*.

Voir fiche 52, p. 180

- Les mesures par **échelle de critères** : lorsque la mesure du phénomène ne peut faire l'objet d'un dénombrement classique (comptage) parce qu'elle n'a pas un caractère tangible. C'est notamment le cas pour quantifier certains aspects de la qualité d'un produit ou d'un service. La démarche consiste à créer des références (critères), pour positionner ensuite le niveau d'appréciation. Plusieurs cas sont alors possibles :
  - **comparer entre eux** des objets de même nature : « L'utilisation de cet appareil est-elle plus facile que celle du produit concurrent n°1 ? Que celle du n°2 ? » ;
  - comparer par rapport à une **échelle propre** à l'observateur : « Sur une échelle de 1 (faible) à 5 (excellente), quelle note d'arôme donnez-vous à ce café ? » ;
  - comparer par rapport à une **échelle conventionnelle** : échelle « Pantone® » pour les couleurs, par exemple.

  Dans certains cas, il est possible d'utiliser des **critères indirects** : l'analyse a posteriori de données chiffrées (ex. : les taux de rejet pour mettre en œuvre des techniques d'échantillonnage, ou les taux de satisfaction pour des techniques de sondage). Dans ces deux cas, l'interprétation des résultats fait appel aux *méthodes statistiques*.

Voir infra

- Les mesures par **modèle** : cela s'applique dans le cas où le dénombrement d'un phénomène directement mesurable ne peut être réalisé sans recourir à des démarches synthétiques. Il est question ici d'utiliser des **modèles mathématiques** destinés à rendre intelligibles des séries de données reliées par des lois connues et adaptées à l'objectif de la mesure. Par exemple, les modèles statistiques permettent de prévoir un résultat avec un risque d'erreur connu et mesuré. Par prévoir, il faut entendre « connaître avant d'avoir constaté », de sorte que l'on puisse anticiper le résultat d'un processus futur, en cours ou même terminé. La statistique peut « prévoir » le nombre de personnes ayant assisté à la fête du 14 Juillet à Bordeaux, sans avoir compté exhaustivement tous les participants.

Les démarches de quantification, notamment les modèles statistiques, se réfèrent à un certain nombre de principes, appelés « lois ».

- Rappelons les domaines d'utilisation de quelques **modèles connus** (*N.B. : pour leur mise en œuvre, il est préférable de se reporter aux ouvrages spécialisés et aux répertoires d'abaques correspondants. La plupart des fonctions citées ci-après sont disponibles sur les tableurs*) :

  - La loi de **GAUSS**, ou « Aléa normal » : c'est un modèle adapté à la représentation des fluctuations des résultats dues à de nombreuses causes élémentaires indépendantes, et dont aucune n'est dominante.

    Sa représentation la plus expressive est la **courbe en cloche** qui est symétrique autour de **l'espérance** (m), où la densité de probabilité est la plus forte, les points d'inflexion sont à + ou – 1 **écart type** de m.

    Citons, à titre d'exemple : le résultat d'un processus stable, le résultat d'un protocole de mesure présentant une erreur aléatoire (ex. : analyses de laboratoire).

    Il est aussi utilisé comme approximation d'autres modèles.

Un cas particulier est l'**aléa normal** réduit où la **médiane** se confond avec le **mode.** Il est alors facile de calculer la **variance**, qui résulte de la somme des carrés des écarts à la moyenne (calculés valeur par valeur) et divisée par le produit de l'effectif de l'échantillon multiplié par l'effectif – 1. L'écart type sera la racine carrée de la variance.

La **distribution est dite normale** si :

– 68 % de la population est comprise entre la moyenne + ou 1 écart type.

- 97 % de la population est comprise entre la moyenne + ou 2 écarts types.
- 99,9 % de la population est comprise entre la moyenne + ou 3 écarts types.

Dans ce cas, on assimile l'étendue à 6 écarts types.

- L'aléa **Khi-Deux** : modèle dérivé de l'aléa normal. L'aléa Khi-Deux est la somme des carrés d'aléas normaux indépendants. Il constitue un modèle de **représentation des erreurs** liées à l'utilisation d'aléas normaux. Il permet de calculer notamment l'écart global d'échantillonnage (variance des écarts expérimentaux entre les moyennes observées et les moyennes attendues).
- La loi de **PARETO** : proposée à l'origine pour représenter la distribution des revenus dans la société, ce modèle met en évidence la **non-proportionnalité directe** entre un phénomène et ses effets. Elle est encore appelée « loi des 20 / 80 », illustrant ainsi qu'une faible proportion d'une population observée est à l'origine de la plus grande partie des effets induits. Cette loi ne devrait être utilisée que pour des échantillons de très grande taille. Toutefois, en organisation, elle est employée pour identifier les enjeux prioritaires.
- L'aléa de **Poisson** : utilisé pour les calculs économiques, il sert en organisation pour calculer le nombre probable de réalisations d'un événement fortuit qui se produiront au cours d'une période donnée (faible probabilité dans un intervalle de temps court). Par exemple : le nombre probable d'accidents de la circulation en 1 mois dans la ville ; le nombre probable de pièces défectueuses sortant d'une machine ; le nombre probable d'appels téléphoniques concernant la facturation de l'eau.
- L'aléa **binomial** : c'est le modèle adapté à l'exploitation des sondages. Il permet de calculer le nombre d'individus possédant une caractéristique donnée à partir de la proportion trouvée dans un échantillon et du taux d'échantillonnage.

■ Pour garantir le caractère aléatoire de l'échantillonnage, il est possible d'utiliser des **tables de nombres au hasard** (ou la fonction « Alea » (Microsoft Excel®) des tableurs de votre micro-ordinateur).

FICHE N°52 – LE RELEVÉ DE TYPE AUTO-OBSERVATION

Objet : les principes d'une démarche de quantification confiée aux agents d'une unité

Problématique

Nombre de données intégrées dans un tableau de bord sont issues du système informatique de l'entreprise. Que se passe-t-il lorsque le phénomène observé ne se traduit par aucune donnée informatique de base ? Faut-il faire l'impasse sur une donnée qui peut être intéressante ? Le responsable a la possibilité de confier la collecte des données à ses collaborateurs.

Comment mettre en œuvre un relevé d'auto-observation ?

Idées clés

- ✓ L'auto-observation est une démarche responsabilisante vis-à-vis des agents.
- ✓ Il faut s'assurer qu'aucune donnée n'existe déjà avant de mettre en œuvre la démarche.
- ✓ La délégation n'exclut pas le contrôle : s'assurer qu'il n'y a pas de dérives dans l'application du protocole de mesure.
- ✓ Informer avant, pendant et après est la garantie d'une bonne implication des acteurs.

- L'auto-observation est une démarche de quantification, dont le principe consiste à confier au **collaborateur** chargé d'exécuter une activité la **responsabilité** de relever, durant une période de temps déterminée, des données relatives à cette activité. C'est une démarche **participative**, réalisée dans un **cadre défini** par le responsable.

- Les **avantages** de cette démarche sont multiples. Du point de vue de la mesure, les résultats sont plus **fiables** que ceux obtenus par simple estimation. En matière d'animation d'équipe, l'auto-observation crée une **dynamique** d'évolution importante autour de la matière chiffrée. Ces aspects sont cependant conditionnés au respect des **principes** d'observation et d'une grande rigueur. Les inconvénients majeurs en sont principalement les **résistances** possibles lors de l'introduction de la démarche, et le phénomène de **lassitude** lié à la durée de la mesure.

- Le succès d'une démarche d'auto-observation réside dans la manière d'impliquer les acteurs. Deux vecteurs sont déterminants :

  - **l'information** : chiffrer des éléments de l'activité courante dérange. Elle peut être assimilée à une modalité de contrôle de l'activité (dans le sens de surveillance). Le responsable a intérêt à informer son équipe des buts, modalités et résultats de la démarche, s'il ne veut pas créer au sein de son équipe un sentiment de méfiance, voire de défiance.

  - la **participation** : le responsable doit associer ses collaborateurs, depuis la phase de préparation jusqu'aux étapes d'exploitation des résultats. Cette approche permet de lever les ambiguïtés, les doutes, de les familiariser avec la culture du chiffre, de capter leur point de vue..., de créer une réelle animation d'équipe autour d'un sujet sensible.

- Voici les **principales étapes** d'une démarche d'auto-observation :

1 – Cadrer le dispositif	• **Définir l'objectif de la mesure :**
	- Pourquoi mesurer tel phénomène ?
	- Qu'est-ce que je veux mettre en évidence ?
Séquence de **réflexion** réalisée par le responsable lui-même	- À quoi vont me servir les résultats de la mesure ?
	- Sur quelles actions concrètes cette mesure peut-elle déboucher ?

1 – Cadrer le **dispositif** (suite)	• **Définir le cadre du dispositif** : - Identifier les étapes et les éléments clés (objet à mesurer, indicateurs possibles, éléments principaux à formaliser dans le support de collecte, période de mesure, durée de la mesure, modalités d'exploitation des données, mode d'intégration des données dans le tableau de bord, personnes chargées de réaliser le relevé, d'intégrer les données dans le tableau de bord ?...). - Définir les principales étapes (information, préparation, test, collecte, exploitation). - Définir la planification « grosses mailles ». • **Préparer l'information des collaborateurs** : - Quel est le degré de réceptivité des agents vis-à-vis de la mesure ? - Quelle est leur sensibilité sur le domaine concerné ? - Ressentent-ils actuellement une gêne qui pourrait faciliter l'acceptation de la démarche ? - Quelles sont les résistances existantes ? - À quels messages clés seront-ils le plus sensibles ? Réfractaires ? • **Informer les collaborateurs** : - Exposer et échanger sur la teneur de la démarche. - Susciter et recueillir les réactions.
2 – Préparer le dispositif Séquence de **conception** animée par le responsable avec une petite équipe de 3 ou 4 collaborateurs	• **Définir le support de relevé** : - Valider l'objectif de la mesure. - Définir les données à relever. - Définir les modes de relevé des données : par exemple, pour obtenir une durée, il est préférable de faire relever les bornes début et fin, plutôt que de faire indiquer directement la durée. - Élaborer un support de collecte : réaliser plusieurs maquettes et les critiquer par rapport au critère de facilité d'utilisation.

2 – Préparer le dispositif (suite)

- Tester le support de collecte : environ 2 journées d'observation, pour tester à la fois la facilité de collecte et la capacité à exploiter les données recueillies. Jeter les résultats du test, qui ne doivent en aucun cas être intégrés aux résultats définitifs.
- Préparer un support d'explication pour les agents (facultatif).

• **Présenter le support à l'ensemble de l'équipe** :
- Rappeler l'objectif de la démarche : aspect pris en charge par le responsable.
- Présenter le support et les modalités de collecte : aspect pouvant être confié à un agent ayant participé à la conception du dispositif.
- Faire une démonstration : exposer concrètement le mode de remplissage du support. Le faire pratiquer par quelques personnes.
- Recueillir les réactions de l'équipe et répondre aux questions.
- Conclure sur l'importance de cette démarche et rappeler l'information qui sera réalisée.

3 – Collecter les données

Séquence de **collecte** réalisée par les agents sous la supervision du responsable

• **Pour les agents** :
- Respecter les principes de collecte : relever les données au fur et à mesure (et non pas en fin de journée ou de semaine !).
- Alerter le responsable en cas de situation atypique : tout ne peut pas être prévu lors de l'étape de préparation. Certains aspects se traitent en direct lors de l'occurrence du phénomène.

• **Pour le responsable** :
- Être présent lors des premières journées : pour faire respecter les principes de collecte (et recadrer les agents selon les dérives), pour répondre aux questions sur les cas imprévus.
- Exploiter rapidement les premiers résultats : pour valider les données recueillies dans l'optique d'exploitation, détecter d'éventuelles anomalies, croiser les résultats issus des différents agents et demander des approfondissements.
- Réaliser une information : sur les premiers résultats, par exemple à la fin de la première semaine de collecte. Cela permet d'entretenir la motivation.

	4 – Exploiter les résultats définitifs	• Traiter les données : - Exploiter les données : calculer puis consolider les données individuelles à l'aide d'un tableur. - *Contrôler* la validité des calculs : intégrer des données fausses, erronées, atypiques, peut générer des conclusions pour le moins alambiquées. - Intégrer les données dans le tableau de bord : des saisies complémentaires peuvent être nécessaires s'il n'existe pas de module d'intégration automatique. - Analyser les résultats définitifs à partir du tableau de bord.
Voir fiche 51, p. 176	Séquence de **traitement** réalisée par le responsable avec l'aide de quelques agents	
Voir fiche 58, p. 203		• *Informer* l'équipe des résultats : - Valoriser le travail et remercier les acteurs : reconnaître le travail est source de motivation. - Exposer les constats issus de l'exploitation des données. - Susciter les réactions des collaborateurs : notamment pour valider les constats et qu'ils se les approprient. - Définir les pistes de réflexion et d'action envisageables. - Définir l'utilité et les modalités de poursuite de la mesure.

■ S'assurer, avant de mettre en œuvre une démarche lourde, qu'aucune donnée n'est réellement accessible dans le système d'information existant. Très souvent, des chiffres existent, mais les acteurs n'en ont pas connaissance. De simples exploitations à l'aide d'extracteurs dans des bases existantes permettent de gagner du temps… et de l'énergie.

FICHE N°53 – FORMALISATION GRAPHIQUE DES INDICATEURS

Objet : aspects visuels appliqués aux indicateurs du tableau de bord

Problématique

En recourant au graphisme, on peut rendre la lecture des indicateurs plus immédiate et plus attractive. Toutefois, la lisibilité du contenu ne doit pas être sacrifiée à l'agrément de lecture ou à l'esthétisme. Il faut donc être vigilant quant au choix et à la mise en forme des indicateurs.

Comment représenter les indicateurs ?

Idées clés

✓ Le dessin, notamment le pictogramme, permet de capter l'essentiel de l'information.

✓ Le choix du pictogramme doit être cohérent avec l'objet du phénomène mesuré.

✓ Les pictogrammes retenus sont testés par des non-spécialistes du domaine étudié.

✓ Veiller à la cohérence des commentaires et du visuel retenu.

■ Un indicateur restitue le niveau de performance d'un système sous forme de donnée chiffrée. Or, la « **langue du chiffre** » n'est pas accessible directement à tout le monde, a fortiori si le dispositif est un tableau de chiffres dont seuls une poignée d'initiés (à quel niveau ?...) arrivent à décrypter quelques informations. Si l'on veut établir un dialogue à partir de cette matière première, il est nécessaire de trouver les bases d'une **compréhension commune**.

■ Le langage populaire véhicule une forme de sagesse qu'il est parfois bon de se remémorer : « Un petit dessin vaut mieux qu'un long discours », a-t-on l'habitude d'entendre. Le dessin est la forme d'expression qui fonde les différents systèmes de communication écrite. À travers la **symbolique** qu'il véhicule, un dessin (idéogramme, pictogramme...) « parle » directement à son destinataire. Le message est capté plus facilement qu'un exposé oral ou écrit, quelle que soit la qualité de l'orateur ou du rédacteur.

■ À travers le tableau de bord, le responsable cherche à identifier rapidement les écarts significatifs de la valeur réelle par rapport aux valeurs de référence. C'est cette notion **d'écart** qui doit être mise en évidence en priorité sur le tableau de bord. Avant même de connaître la valeur de la donnée, le responsable doit être informé de l'existence ou non d'un écart.

■ Le moyen privilégié pour traduire le niveau de performance et l'existence d'écart reste le **pictogramme**. Il s'agit d'un signal visuel simple, symbolisant le phénomène qu'il est censé représenté. Le pictogramme constitue le **premier niveau de lecture**. Si le responsable est intéressé, curieux, ou souhaite se sécuriser, il a la possibilité d'approfondir son niveau d'information au moyen de *représentations graphiques*, ou des éléments d'information plus détaillés.

Voir fiche 54, p. 189

■ Le pictogramme illustre l'objet mesuré. On le choisit nécessairement en tenant compte du **domaine** d'activité mesuré et de la **culture** de l'utilisateur. Ce peuvent être :

- des **pictogrammes purs** : il s'agit de rechercher dans des bibliothèques d'images le dessin le plus approprié (soleil, nuage, éclair, machine, somme d'argent...) ;
- des **cadrans** : pour positionner une valeur par rapport à une zone d'acceptation (« zone verte », « zone rouge ») ;
- des **barres graduées** : pour situer le niveau de performance, et montrer notamment l'évolution vers une valeur à atteindre à une date donnée.

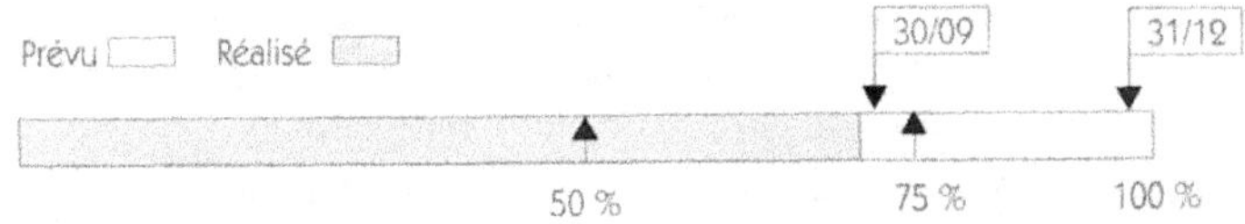

- À travers ces éléments, il est possible de mettre en évidence :
  - le **degré** :
    - de satisfaction : ☺, ☺, +, ☼, 👍
    - d'insatisfaction : ☹, 👎
    - de risque, d'alerte : 💣, ", 👓
  - la tendance : ↗ ; ↘, →
- La **couleur** renforce la nature de l'information. Traditionnellement, le vert représente une valeur acceptable (« tout va bien »), l'orange une valeur qui commence à se dégrader (« attirer l'attention »), le rouge une valeur à risque ou inacceptable (« alerte »). La **taille** peut également conférer une signification active au symbole choisi.
- La **combinaison** du pictogramme et de la couleur est déterminante. Une flèche qui est orientée vers le haut, de couleur rouge, indique une dégradation du domaine considéré (ex. : « le nombre de plaintes exprimées par les clients »). Une silhouette d'homme, rouge et de petit format, indique que les clients sont de moins en moins nombreux.
- La lecture du pictogramme doit être **directe et intuitive** : l'essentiel du phénomène doit être capté par le lecteur, à travers le symbole choisi et ses caractéristiques (taille et couleur, notamment). Attention donc aux effets d'esthétisme et aux représentations absconses : le lecteur se détournera rapidement d'un indicateur qu'il ne comprendra pas.
- Une fois le choix effectué, il est important de faire des **tests de lisibilité**. Pour cela :
  - formaliser, sur des feuilles différentes, les mêmes valeurs d'indicateurs à travers des pictogrammes différents.
  - noter les réactions et les commentaires des personnes participant au test. À travers les réactions, identifier les critères exprimés.
  - retenir les formes le plus appréciées.

- faire varier les valeurs des indicateurs et soumettre de nouveau les résultats à la même population. Vérifier que les réactions sont cohérentes, sinon, revoir le choix du pictogramme.

■ Les caractéristiques du visuel retenu sont **formalisées et intégrées** dans le dictionnaire des indicateurs. On veillera à bien mentionner les règles d'attributions des composantes selon les seuils de valeurs. Ces aspects facilitent tant la lecture de l'indicateur que la rédaction des commentaires des résultats.

Voir fiche 57, p. 200

■ Les *informations complémentaires* jointes (valeur de l'indicateur, commentaires…) agissent alors par **renforcement**. Elles apportent le niveau d'explication et de compréhension qui fait défaut avec le seul pictogramme, ou la seule information littérale.

FICHE N°54 – LES REPRÉSENTATIONS GRAPHIQUES

Objet : nature et application des principales représentations graphiques : intérêts et limites

Problématique

Les graphiques sont des moyens simples pour compléter et approfondir les informations restituées par l'indicateur. Ils restent cependant trop peu utilisés, compte tenu des difficultés liées à leur conception, mais surtout à leur lecture. Par ailleurs, il y a des formes de graphiques qui ne conviennent pas à certains usages.

Comment utiliser à bon escient une représentation graphique ?

Idées clés

- ✓ Le choix de la représentation graphique dépend du phénomène à mettre en évidence.
- ✓ Quand on n'est pas expert en graphique, demander de l'aide : il n'y a pas de honte à cela !
- ✓ Veiller à ce que le graphique soit explicite dans ses différentes composantes.
- ✓ S'entraîner à lire le graphique avec un expert, avant de vouloir se lancer devant une assemblée.
- ✓ Faire simple : éviter en ce domaine les gadgets... illisibles !

■ Un graphique est porteur en lui-même d'une **fonction** particulière. Le choix du graphique est guidé par **l'objectif de la mesure**. Si l'on veut mettre en évidence les variations d'un phénomène, la courbe, ou éventuellement l'histogramme, seront préférables.

■ **Trois types** de graphiques définissent les bases de représentation :

- le graphique **évolutif** : destiné à mettre en évidence **l'évolution** d'un phénomène. Appelé également dans le langage courant « courbe », ce graphique croise généralement la dimension temporelle (axe des abscisses) avec le suivi d'un ou plusieurs phénomènes (axe des ordonnées).
- le graphique **circulaire** : le « camembert » met en évidence les **proportions** de plusieurs phénomènes.
- le graphique « **à barres** » : ou histogramme, destiné à **comparer** des phénomènes entre eux.

Les principales formes de graphiques

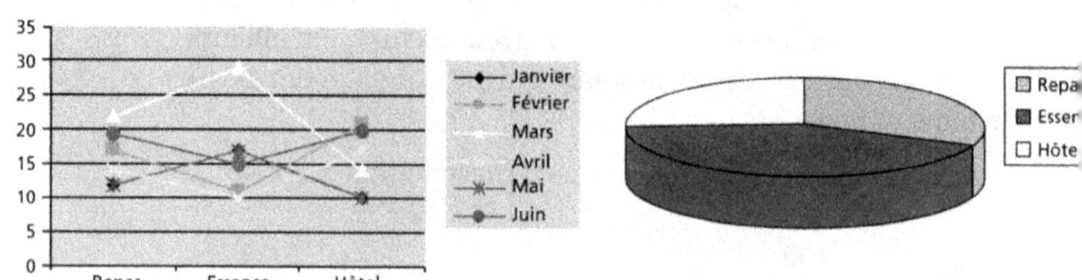

Graphique évolutif **Graphique circulaire**

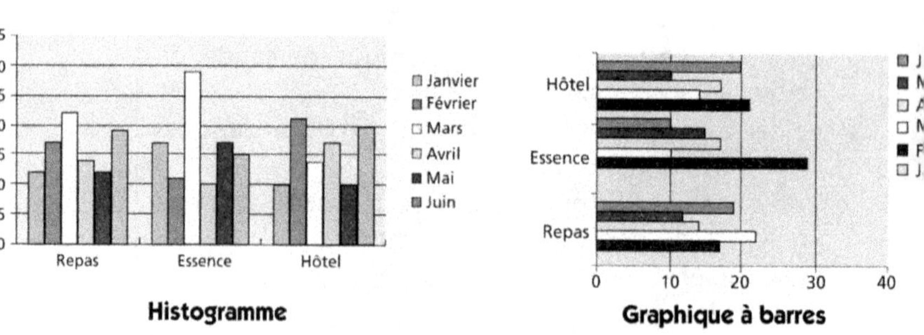

Histogramme **Graphique à barres**

■ Des variantes peuvent également être déclinées :

- **La courbe cumulée** : met en évidence la progression d'un phénomène vers un objectif à atteindre.

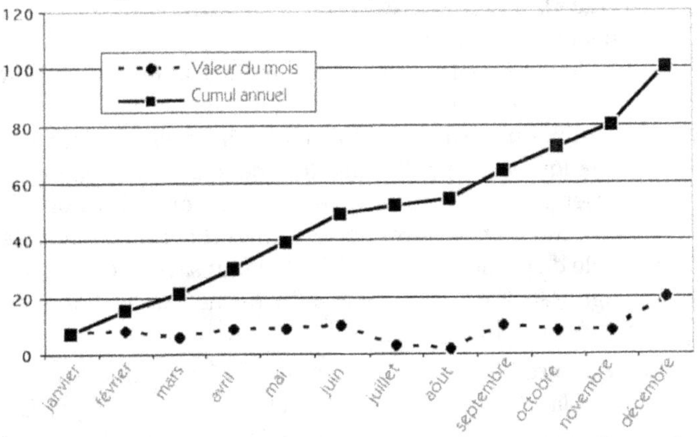

- **La courbe de régression** : pour mettre en évidence la corrélation de phénomènes.

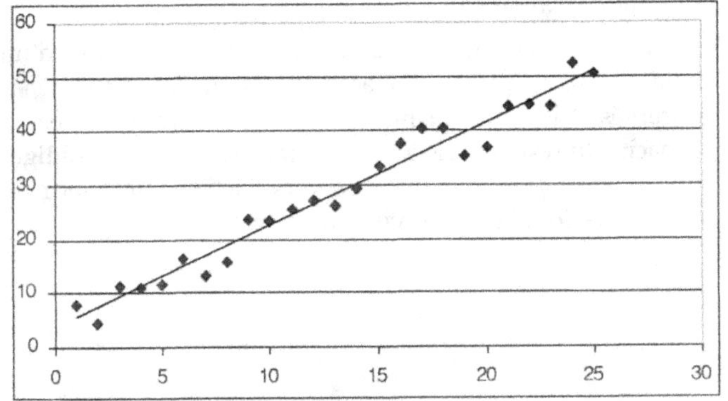

■ Il est possible de ne faire apparaître les graphiques que dans certaines conditions pour ne pas alourdir le tableau de bord. Toutefois, leur caractère à la fois **visuel** et **prospectif** en fait un des outils privilégiés du responsable.

■ Le graphique n'a d'intérêt que s'il facilite la compréhension du phénomène suivi. Il remplit à ce titre une double fonction : soit il agit comme une **source** spécifique d'information (et d'alerte), soit il **complète** le premier niveau de lecture constitué par le *pictogramme*.

Voir fiche 53, p. 185

- Pour être significatif, un graphique doit toujours posséder :
  - un **titre** : il exprime la nature de la mesure réalisée (ex. : « évolution de la fréquentation mensuelle des points de vente »). Il doit être explicite pour situer directement le phénomène mesuré.
  - une **légende** : elle guide le lecteur dans la compréhension des paramètres utilisés.
- Les graphiques sont généralement élaborés de manière automatique à partir d'outils de type « tableur ». Faute de maîtriser ce genre d'outils, certains responsables doivent recourir aux compétences de personnes chevronnées (ex. : le contrôle de gestion, le statisticien). Il faut savoir reconnaître son ignorance en la matière afin de ne pas élaborer de graphiques inutiles !
- Le responsable expose de manière précise son besoin et apporte la série de données pour élaborer le graphique. Un travail commun entre le responsable et « l'expert » permet alors de concevoir le graphique adapté. Le responsable a intérêt également à s'enquérir de la manière de lire le graphique élaboré.
- Pour être complet, le graphique doit être assorti d'un **commentaire explicite**, qui fasse le lien entre les phénomènes observés et les événements vécus « sur le terrain ». C'est la capacité du responsable à **lire un graphique** pour en **rédiger** une *synthèse pertinente* orientée vers l'action qui détermine l'utilité de l'outil et lui confère son caractère concret.

Voir fiche 55, p. 193

FICHE N°55 – LIRE UNE REPRÉSENTATION GRAPHIQUE

Objet : quelques principes pour extraire l'essentiel d'une représentation graphique

Problématique

Le responsable dispose de son tableau de bord. Indicateurs, pictogrammes et graphiques sont maintenant opérationnels pour restituer le niveau de performance de son système. Ce serait dommage de ne pas savoir expliciter les phénomènes identifiés. Quelques pistes simples permettent d'éviter des blocages hélas dommageables.

Comment lire un graphique ?

Idées clés

✓ Il faut se focaliser en priorité sur les phénomènes globaux, puis aborder les détails.
✓ Rechercher avec l'aide des collaborateurs les éléments d'explication manquants.
✓ Se faire aider si l'on a le moindre doute : attention aux conclusions bancales !
✓ Utiliser le langage de l'image pour illustrer les phénomènes

■ À l'exception de certains responsables, habitués de par leur formation et leur métier à manier les chiffres, d'autres se sentent **bloqués** quand il s'agit d'utiliser les chiffres et de lire des graphiques. La plupart du temps, l'exercice se traduit par une pénible paraphrase des schémas : « Alors là on voit que ça augmente dans cette période, pour diminuer dans la suivante. » Ce cas illustre pleinement la notion de « comment-taire » ! La cause est à rechercher dans le *manque de culture* en la matière .

Voir fiche 49, p. 168

- Le principe de la lecture d'un graphique consiste à **mettre en avant** les phénomènes remarquables (pointes, creux, tendance, variations...), de **faire des liens** avec les événements réels, puis de **dégager** les conséquences opérationnelles souhaitables (et possibles) de la situation.

- Il est donc utile, en premier lieu, de savoir **identifier les éléments essentiels** d'un graphique en fonction de sa nature. Nous avons rappelé précédemment les principaux *types de graphiques* et leur fonction. Voici quelques aspects particuliers à relever pour chacune des catégories :

Voir fiche 54, p. 189

  - graphiques **évolutifs** : destinés à mettre en évidence la variation du phénomène ; il est intéressant de repérer les **valeurs extrêmes** (crêtes et creux) entre lesquelles le phénomène évolue. Le **cycle de variation** est également important : le phénomène évolue-t-il lentement ou rapidement (par exemple, en dents de scie). La **tendance** quant à elle permet d'être renseigné sur le niveau d'évolution (régression, stagnation, augmentation) de la période et d'identifier les conséquences éventuelles de la situation. On peut également y repérer **l'écart** résiduel entre la performance réelle et l'objectif visé pour matérialiser l'importance et le niveau de travail restant à accomplir.
  - graphiques **circulaires** : destinés à mettre en évidence la proportion du phénomène ; la démarche consiste à identifier les **enjeux** à partir de **l'importance** des cadrans. Par exemple, s'apercevoir que 25 % de l'activité est consacrée à rectifier des anomalies reçues des fournisseurs représente un gisement de productivité. On aura intérêt à repérer également les **phénomènes extrêmes** (fortes proportions ou, au contraire, faibles proportions) pour examiner ensuite le bien-fondé de la situation. Attention aux approches par pourcentage : à croiser avec des **valeurs absolues** pour réaliser une lecture pertinente (nombres, volumes).
  - graphiques à **barres** ou **histogrammes** : destinés à mettre en évidence des comparaisons ; la démarche consiste d'abord à examiner chaque **paramètre** séparément (on se situe alors dans le cas du graphique évolutif), puis de réaliser un **rapprochement entre paramètres**. À cet égard, il est intéressant de repérer les effets de **corrélations**

(ex. : une augmentation de part de chiffre d'affaires se traduit-elle par une augmentation des résultats nets ?), et des **effets de ciseaux** ou **d'inversion**. Bien évidemment, la démarche consiste à relier ces constats avec les faits réels.

- L'utilisation de la **fiche indicateur** facilite la lecture du pictogramme. Le rapprochement entre le résultat et les **règles** d'affectation des pictogrammes en constitue la voie de lecture. Il s'agit ici de situer en quoi le résultat est satisfaisant (ou non), en donnant quelques informations connexes (par exemple, le rapprochement avec les valeurs de la fourchette de tolérance). « *L'indice de fidélisation des clients reste satisfaisant puisque, avec une fréquentation de nos points de vente à 27 clients/jour, nous nous situons largement au-dessus de l'objectif visé (20 clients/jour). Il faut porter une attention particulière à ce phénomène, en raison du risque de saturation possible (fourchette de tolérance à 30 clients/jour).* »

- Le responsable a intérêt à privilégier l'approche par **phénomènes globaux** avant de se pencher sur le **détail**. Les éléments de tendance, les masses les plus importantes (approche de type Pareto), sont à privilégier pour repérer les enjeux. Cela ne signifie pas pour autant qu'il ne faut regarder que les tendances : certains épiphénomènes sont à considérer de près pour en tirer des enseignements (réflexion de type « opportunités / menaces »).

- La lecture du graphique amène le responsable à **rechercher l'information** qui lui manque et à **s'interroger** sur le fonctionnement de son système. Il ne doit pas laisser dans l'ombre un constat (pourquoi telle pointe de rebuts à cette période ? que s'est-il donc passé ? comment se fait-il que je n'ai pas été mis au courant ?...), mais au contraire valider les éléments avec ses collaborateurs. Le tableau de bord devient alors un outil générateur d'une dynamique.

- Le responsable a intérêt à traduire les constats en ayant recours au langage de **l'analogie** et de la **métaphore**. Ces éléments facilitent la communication. Le responsable doit chercher à illustrer une situation, à mieux la faire comprendre à son destinataire, afin de le mobiliser sur le terrain de la décision ou de l'action. Le langage de l'image (**cerveau droit**) a souvent plus d'impact que le langage hyper-rationnel auprès des collaborateurs. Un responsable sensibilise plus ses agents en évoquant le fait que les rebuts (de métal) du mois écoulé équivalent à 1,5 automobile qu'en spécifiant que cela représente un demi-point de marge commerciale. Des formules telles que : « Tout se passe comme si... », « Une situation comme celle-ci illustre... », « Ce résultat est assimilable à »..., introduisent facilement les analogies et les métaphores.

FICHE N°56 – LE TABLEAU DE BORD SYNTHÉTIQUE

Objet : maquette d'un tableau de bord intégrant graphique et commentaires

Problématique

Lorsqu'il élabore son tableau de bord, le responsable a des difficultés à se rendre compte de l'effet qu'il obtiendra. Il hésite souvent à réduire son tableau de bord de premier niveau, arguant qu'il peut passer à côté d'une information importante. Il faut cependant faire un choix.

Quels principes adopter pour réaliser un tableau de bord synthétique ?

Idées clés

✓ Il faut choisir 3 à 5 indicateurs prioritaires du point de vue du destinataire.

✓ Le tableau de bord peut se lire par « carottage » : du niveau le plus synthétique jusqu'au niveau le plus fin.

✓ Tester la validité du support à travers des maquettes.

✓ Accompagner les résultats de commentaires synthétiques : cela facilite l'assimilation des données par le lecteur.

✓ Revoir périodiquement la forme du support pour l'adapter aux évolutions.

- Lors de la lecture du tableau de bord, on doit concentrer son attention sur l'essentiel. Le responsable doit donc en premier **faire un choix** sur ce qu'il veut connaître en priorité.
- **Il n'est pas utile de surcharger le tableau de bord. Plusieurs** niveaux de lecture doivent être déterminés, depuis le plus synthétique jusqu'au détail de certaines

données. Le responsable capte sur le premier niveau les éléments déterminants et, **s'il le désire**, approfondit les données importantes à travers les niveaux intermédiaires.

- La disposition des informations, et leur mise en valeur sur le support d'information (écran ou papier), constituent le **chemin de lecture**. Le responsable a intérêt à tester plusieurs dispositions de manière concrète, afin de ne garder que celle qui le satisfait pleinement.
- Les écarts qui méritent des **interventions prioritaires** doivent être identifiés immédiatement et sans équivoque. Les **pictogrammes** renforcés par des codes **couleur** significatifs constituent les moyens les plus efficaces pour satisfaire à cet objectif.
- Les éléments **d'explication** et **d'action** doivent figurer sur le tableau de bord. Un minimum de commentaires s'impose, notamment pour apporter un éclairage sur la situation passée (causes explicatives, conséquences), mais surtout pour exposer les actions à entreprendre.
- Les constats peuvent mettre en évidence les **relations** des phénomènes entre eux : comment la variation de tel paramètre, conjuguée avec celle de tel autre, induisent-elles le résultat constaté ? Ce genre d'analyse constitue le pivot de la réflexion stratégique du responsable.
- La **diffusion** du tableau de bord dépend du niveau de détail du tableau de bord. Les éléments les plus **synthétiques** s'adressent généralement aux membres de la **direction** (ou aux responsables décisionnels), peu enclins à aborder des éléments détaillés (qui ne leur serviraient à rien !) ; les niveaux plus détaillés doivent être diffusés vers les acteurs **opérationnels**, du fait de leur rapport avec les activités réalisées.
- La diffusion des tableaux de bord devrait toujours s'accompagner d'une étape de **communication**, d'échange avec les destinataires. Certes, les commentaires sont là pour apporter un niveau d'éclairage plus concret que les chiffres. Mais il est toujours utile, voire déterminant pour la phase d'action, d'échanger sur les résultats, les constats, les interprétations et les orientations d'action.
- Le tableau de bord mérite d'être **revu de manière cyclique**. Une approche critique sur la disposition, la lisibilité, les modifications à apporter du fait des évolutions du système, est l'occasion d'affiner la qualité du support.

TABLEAU DE BORD		Date : 30/06/02
UNITÉ : DIRECTION COMMERCIALE	RESPONSABLE : M. PIERRE PHANDRE	COPIE A : D. Générale / D. Régionales

La part de marché reste en deçà de l'objectif fixé. Les récents événements externes (renforcement de la législation) expliquent en partie cette situation. Sans être inquiétant, il est nécessaire de renforcer sa présence sur les ménages de type "A", pour revenir dans la cible prévue lors du prochain trimestre.

% MARCHÉ	
:-|	RÉALISÉ : 22,25 %
ÉCART : – 0,75 %	OBJECTIF : 23,00 %

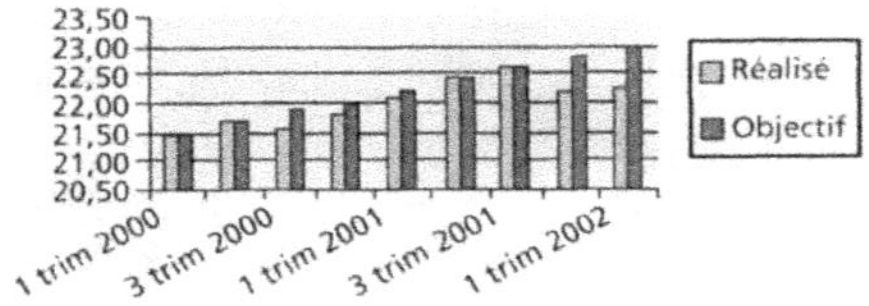

VENTES TOTALES

RÉALISÉ : 250 MF

ÉCART : + 0 MF OBJECTIF : 250 MF

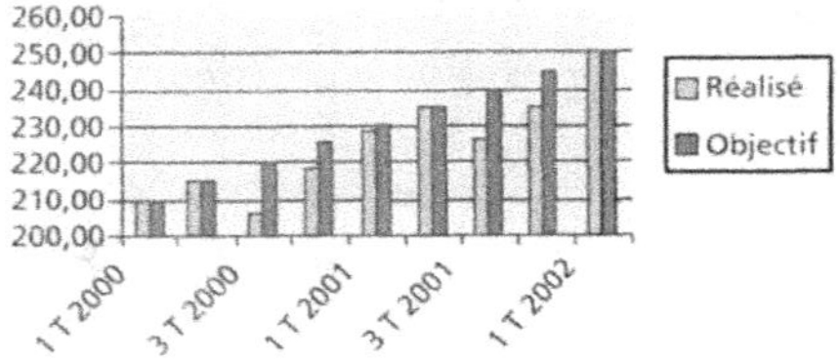

PART DES GRAND COMPTES

RÉALISÉ : 32,00 %

ÉCART : + 6,00 % OBJECTIF : 26,00 %

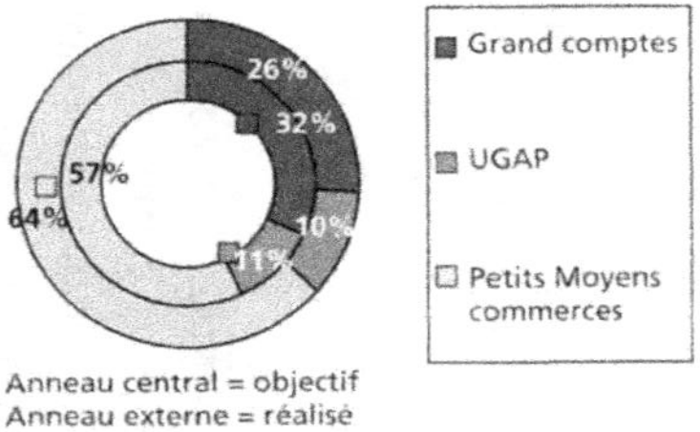

La part des grands comptes, en augmentation, est à l'origine de la réduction de la marge du fait des réductions accordées. Attention à la dérive des commissions au-delà des budgets alloués

RÉDUCTIONS ACCORDÉES

RÉALISÉ : 14,5 %

ÉCART : + 2,5 % OBJECTIF : 12 %

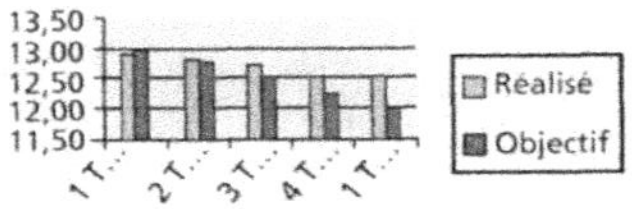

COMMISSIONS AGENTS

RÉALISÉ : 5,2 MF %

ÉCART : + 0,2 MF OBJECTIF : 5 MF

FICHE N°57 – RÉDIGER UNE SYNTHÈSE DE TABLEAU DE BORD

Objet : exemple de plan et de formulation

Problématique

Commenter un tableau de bord n'est pas un exercice forcément facile ! Le responsable peut éventuellement sauver la mise lors de commentaires oraux ; la synthèse écrite, quant à elle, peut se révéler problématique. Quelques conseils simples, assortis de repères méthodologiques, aideront à surmonter les blocages éventuels.

Comment faire du tableau de bord un véritable outil de communication ?

Idées clés

✓ La synthèse du tableau de bord ne doit pas excéder une page et demie.
✓ Rédiger dans une optique de résolution de problème.
✓ Donner des éléments macroscopiques plutôt que des détails.
✓ Rédiger de manière active, pour ouvrir vers l'action.
✓ Attention aux termes trop techniques et au jargon.

■ Reporter littéralement des constats qui apparaissent visuellement sur le support n'a qu'un intérêt limité. Les commentaires mentionnés dans la synthèse ont pour objectifs :

- **d'éclairer** la situation en apportant des **informations complémentaires** qui ne peuvent être paramétrées à travers les indicateurs ;
- de **sensibiliser** et **mobiliser** les lecteurs sur les **actions** à réaliser pour maintenir ou pour réguler la situation.

- Les commentaires sont **synthétiques** afin de faire apparaître l'essentiel de la situation. Attention à ne pas noyer le lecteur sous des avalanches de détails (chiffres, anecdotes) qui ont pour effet de le perdre au lieu de le guider dans sa compréhension.
- Les **méthodes d'écritures** professionnelles facilitent la rédaction. Privilégier celles fondées sur les principes de résolution de problème : elles offrent une compréhension des situations en les axant vers l'action.
- Faire des **phrases courtes** pour accroître l'impact de l'information. Généralement, il est conseillé de limiter les phrases à **20 mots**.
- Placer les **idées maîtresses** soit en **début** de phrase (pour accrocher l'attention du lecteur), soit en fin de phrase (pour lui laisser la possibilité de réfléchir), jamais en milieu. Le risque est de noyer l'important parmi le secondaire ; dans ce cas, l'objectif de communication ne serait pas atteint.
- Attention aux mots ou abréviations liés à la culture interne : le jargon peut ne pas être compréhensible pour tout le monde. Éviter de les utiliser, sinon donner une explicitation minimale.
- Voici les différentes parties d'une synthèse :
  - Exposer le **contexte** : situer la nature du domaine étudié. Il s'agit de « brancher » le lecteur sur le canal d'émission du responsable. N'oublions pas que les décideurs sont submergés de documents écrits (phénomène qui empire avec les courriels !). Les orientations stratégiques de l'unité peuvent notamment être soulignées dans cette partie, pour rappeler les priorités.
  - Présenter les **résultats** marquants : faire apparaître les éléments qui témoignent de l'état de santé du système. Proposer pour cela une information globale, qui permette au lecteur de saisir rapidement la tendance, les aspects satisfaisants ou problématiques.
  - Faire ressortir les **problématiques** : exposer les situations anormales qui doivent faire l'objet de régulation. Des éléments de causalité peuvent être mentionnés, non pour justifier les performances, mais dans une optique de résolution.
  - Définir les **objectifs** à atteindre pour la période suivante : indiquer les priorités et niveaux de performances visés

pour rétablir la situation. Les exprimer en termes de résultats concrets quantifiés.

- Présenter les **actions** envisagées pour atteindre les objectifs : définir les axes de travail relatifs aux différents domaines, sans entrer dans les détails. Les actions détaillées font l'objet d'un document annexe de type « plan d'action » (4 Q : quoi ? qui ? quand ? quels moyens ?).

■ À titre d'illustration, nous proposons la situations suivante :

« Le service d'accueil de… a pour mission de… Il s'est engagé dans un plan d'amélioration de la qualité qui vise notamment à réduire les temps d'attente au guichet (temps moyen d'attente de 3 minutes avant prise en charge), et à assurer le routage des appels téléphoniques avec un taux de perte nul d'ici 4 mois. Quels sont les résultats du plan d'amélioration de la qualité du service accueil, après deux mois de mise en œuvre ? »

La situation globale de l'accueil du public s'améliore timidement.

De nets progrès sont enregistrés pour l'aspect « Délais de prise en charge », ramenés à 4 min depuis la dernière période. La satisfaction des clients s'en ressent (indice de satisfaction proche de l'objectif) ainsi que l'ambiance de l'équipe d'accueil (diminution spectaculaire de l'absentéisme, ramené à la moyenne de l'entreprise).

En revanche, les performances de routage des appels téléphoniques restent médiocres (taux global de perte de x %), surtout pour ce qui concerne les appels routés vers les secteurs B et E…

Les mauvaises performances sur l'aspect routage des appels téléphoniques résultent de l'effet conjugué de :

– l'augmentation des appels suite à l'entrée en vigueur de la réforme fiscale en date du… (nombre moyen d'appels téléphoniques journaliers à 120 contre 57 en période normale) ;

– la persistance de l'absentéisme du personnel titulaire. Le recours à des intérimaires ne maîtrisant pas un matériel obsolète, et ayant des difficultés à utiliser l'annuaire interne.

Enfin, la priorité accordée à l'accueil physique des clients est également déterminante.

L'effort doit être maintenu sur l'accueil physique. Le temps d'attente doit être ramené à l'objectif visé (3 min) d'ici un mois.

*Pour le **routage des appels**, le taux de perte doit être ramené à y % dans un délai d'un mois. Une actualisation sera réalisée à la fin de la période. »*

***L'axe formation** sera développé sur les aspects de…., qui représentent les motifs de demandes les plus nombreux. Cette amélioration des questions courantes devrait accélérer le temps de réponse de chaque client, et, partant, celui de la prise en compte du client suivant. La qualité des réponses doit cependant être vérifiée : il ne s'agit pas d'améliorer le temps de réponse, au détriment de la satisfaction des clients.*

L'indication des lignes directes sur les courriers envoyés aux clients doit réduire de manière substantielle les appels arrivant au standard. Les standardistes doivent être incitées à communiquer les numéros directs aux clients qui appellent…. »

FICHE N°58 – CONDUIRE UNE RÉUNION D'INFORMATION DESCENDANTE

Objet : rappels des principes de conduite de réunion descendante pour le projet tableau de bord

Problématique

L'un des rôles du responsable est de diffuser de l'information à ses collaborateurs. Ce rôle est d'autant plus important lors d'un projet de type tableau de bord, compte tenu des enjeux. Mais émettre des informations ne signifie pas forcément qu'elles soient reçues ni intégrées ! Des précautions s'imposent pour s'assurer de la qualité de l'émission et de la réception des informations.

Quelles techniques d'animation adopter pour s'assurer que les messages ont bien été reçus ?

Idées clés

- ✓ Avant toute chose, il faut évaluer l'utilité de tenir une réunion d'information.
- ✓ Penser à définir et valider les objectifs de la réunion, et à s'assurer de leur atteinte après la réunion.
- ✓ Laisser la parole aux auditeurs est un moyen simple de valider leur compréhension du sujet.
- ✓ Le manque de préparation est la porte ouverte à une réunion stérile.

■ La réunion descendante a pour objectif principal de **transmettre** des informations détenues par une catégorie d'acteurs déterminée à une autre catégorie d'acteurs concernés par le sujet. Les effets visés s'échelonnent de la

simple connaissance (« avoir entendu parler de... ») à la recherche de la **mobilisation** du groupe concerné (« j'adhère aux objectifs du projet »).

- Pour le tableau de bord, les **thèmes** des réunions d'information descendantes portent sur :
  - le cadre du projet : stratégie, objectifs du projet, bénéfices attendus, impacts,
  - la participation attendue des acteurs,
  - le briefing avant action,
  - l'état d'avancement du projet,
  - les décisions prises,
  - la restitution des résultats de consultations, d'enquête, de sondage, d'études de besoins,
  - les conclusions du projet.
- Ces réunions se tiennent à **différents moments** du projet :
  - lors du lancement du projet,
  - à la fin de chaque phase du projet,
  - après la synthèse d'une étude,
  - après une réunion décisionnelle (suite à un comité de pilotage, par exemple),
  - avant le passage à l'action (début d'étape, plan d'action...),
  - après la synthèse des résultats des tests.
- Pour aborder la réunion, l'animateur tient compte :
  - de la **culture** de l'entreprise : le langage, les préséances, l'histoire...
  - des **attentes** : intérêts communs, individuels, catégoriels...
  - de la possible apparition de mouvements de **résistances**, catalysés par des meneurs potentiels.
- Voici les points clés pour préparer une réunion :
  - définir le **périmètre** de la réunion : le thème, les objectifs, le contenu, les participants, les animateurs et leur rôle, la durée, le lieu, la date, l'heure ;
  - définir le **déroulement** : les phases, leurs objectifs, leurs contenus spécifiques, les modalités d'animation ;
  - définir la **logistique** : accueil, agencement et équipement de la salle, signalétique, boissons, papier (pour poser les questions ou prendre des notes) ;

- préparer la **documentation** : concevoir et réaliser les supports, les appuis médiatiques, les convocations des participants.

■ Une réunion d'information descendante comporte généralement **deux phases** :

- **Phase 1 – Délivrer le message** : l'animateur (« expert », personne légitimée, responsable de projet...) présente de façon synthétique, claire et rigoureuse les informations à transmettre.
  Pour favoriser l'adhésion, l'orateur a intérêt à **montrer** plutôt que de démontrer, à amener les auditeurs à se **projeter**, à **ressentir** la situation proposée.
  L'exposé inclut des réponses à des **objections anticipées** : vouloir convaincre aboutit à mettre en place un rapport de force.
  Pour renforcer l'information, des documents peuvent être remis au début ou à la fin de l'exposé.
  L'orateur peut s'aider des moyens qui focalisent l'attention sur le contenu (projection de transparents, vidéo ; présenter et commenter des courbes, des schémas) et atténuent les phénomènes de groupe.
- **Phase 2 – Rétroaction (« feed-back »)** : l'animateur cède la parole aux participants, essentiellement pour s'assurer que les **messages** ont bien été **reçus** et **compris**. L'orateur comble les lacunes en donnant les explications manquantes et les **précisions** souhaitées.

Cette étape permet également :

- de **décharger les tensions** : un projet induit toujours un changement, générateur d'inquiétudes, d'incompréhensions, qu'il est indispensable de pouvoir accueillir, de laisser exprimer et de lever. L'animateur tient compte des phénomènes de groupe.
- **d'impliquer** les personnes : pouvoir s'exprimer participe du phénomène d'appropriation des objectifs, des modalités, même si la personne fait état de ses réserves ou de ses craintes.

L'animateur prend soin de :

- solliciter les questions et de montrer sa volonté de clarifier ;
- ne privilégier aucun des participants ;

– accueillir toutes les questions ou remarques avec bienveillance ;
– reformuler toutes les questions avant d'y répondre, répondre à toutes les questions ;
– ne pas brusquer le groupe, jouer sur les familiarités existantes , éventuellement solliciter individuellement quelques personnes, sans toutefois tomber dans la complaisance ;
– faire apporter certaines réponses par le groupe : c'est une façon de traiter les phénomènes de groupes (leader d'opinion), certaines questions embarrassantes, mais aussi de s'assurer de la bonne compréhension des messages.

Bien conduite, cette phase amène à des décisions d'ajustement.

Situations fréquemment rencontrées dans un projet de tableau de bord

Situation d'information	CONTENU	CONSEILS POUR L'ANIMATION
Lancement du projet	• Replacer dans le contexte stratégique : – les besoins, les objectifs – les attentes vis-à-vis du projet – les bénéfices recherchés – le déroulement et l'organisation du projet	• Solennité… sans trop d'excès ! • Appui par un dirigeant de haut rang • Supports visuels • Grand groupe possible
Avancement du projet	• Repositionner dans le plan d'action : – le réalisé, le reste à faire – ce qui est conforme, ce qui ne l'est pas – les difficultés rencontrées et leurs solutions – les délais, les coûts – la perspective globale	• Supports écrits, courbes et schémas en appui de brèves explications ou conclusions • Selon les situations, groupes hétérogènes, ou petits groupes homogènes du point de vue de l'implication dans le projet

…

...

Situation d'information	CONTENU	CONSEILS POUR L'ANIMATION
Restitution	• Rappeler le contexte et l'objectif de l'étude dont les résultats sont restitués : – les phases de l'étude, la méthodologie – les résultats obtenus – les conclusions – l'utilisation des résultats	• Faire participer toutes les personnes sollicitées lors de l'étude • Constituer des groupes de taille moyenne en mélangeant les différentes catégories professionnelles • Féliciter, remercier • Ouvrir des perspectives à partir des conclusions
Briefing	• Repositionner la réunion et son objectif dans le déroulement du projet : – rappeler le but global à atteindre – préciser à chacun sa mission et ses objectifs – rappeler les délais et les moyens alloués	• Faire en sorte que chacun se positionne dans une démarche collective • Favoriser l'établissement de liens entre des personnes qui devront coordonner leurs actions sur le terrain • Groupe restreint de 8 à 10 personnes au plus • Valider la bonne compréhension des messages auprès de chaque personne

FICHE N°59 – CONDUIRE UNE RÉUNION DE TRAVAIL

Objet : rappeler quelques règles pour rendre une réunion de travail efficace

Problématique

La réunion est une forme couramment employée pour traiter un sujet particulier. Mais trop souvent, l'efficacité n'est pas au rendez-vous : la « réunionnite » guette ! Pour peu que l'on respecte quelques principes simples, une réunion de travail est un moyen de travail de groupe très intéressant.

Selon quelles modalités conduire une réunion de travail ?

Idées clés

- ✓ Une réunion de travail a pour objectif de faire produire un groupe sur une question donnée.
- ✓ Elle réunit les acteurs concernés par le thème, et uniquement ceux-ci.
- ✓ L'ordre du jour constitue le cadre de travail du groupe.
- ✓ Les règles du jeu doivent être définies et respectées.
- ✓ Le groupe est une entité vivante : sa dynamique évolue au fil du temps.
- ✓ L'efficacité de la réunion se mesure aux résultats atteints à la fin de la réunion.

- La réunion de travail consiste à **faire travailler ensemble** des acteurs concernés par un même sujet. Son objectif est bien souvent d'**apporter une réponse** à une problématique. Elle peut ou non être assortie d'une phase *décisionnelle*.

Voir fiche 60, p. 213

- Contrairement à ce que l'on peut penser, la « **réunionnite** » ne se définit pas par le nombre important de réunions réalisées. Il s'agit plutôt de l'**absence de résultat** constaté à la fin d'une réunion, qui oblige à faire… une autre réunion !

Un responsable peut très bien participer à deux réunions dans une même journée, mais qui débouchent sur des résultats concrets (propositions claires, décisions...).

- L'**efficacité** de la réunion réside bien évidemment dans son **objectif**. Celui-ci doit être défini de manière précise. Il s'agit de répondre à la question : « À quel(s) résultat(s) le groupe de travail doit-il aboutir à la fin de la réunion ? » Par exemple, un objectif pourra être : « Formaliser de manière commune la procédure de traitement de l'activité x... » Cet objectif est communiqué aux participants avant la réunion.
- **La qualité des participants** est importante pour atteindre le résultat escompté. Le choix s'effectue à partir des **compétences** (connaissance des procédés, des règles de traitement, pouvoir de décision...) de la personne, compte tenu de l'objectif défini. Il n'y a donc pas de participation « ticket statutaire » obligatoire !
- L'animateur de la réunion veille à respecter des **étapes** clés :
  - Le rappel du thème et de l'objectif de la réunion.
  - La présentation des participants.
  - La proposition d'une méthode de travail : discussion, formalisation des procédés (ordinogramme logique), brain-storming (ou « remue-méninges »), méthode de résolution de problème...
  - Le lancement des travaux : à partir d'une consigne explicite, question clé par exemple...
  - La production : l'animateur recueille les différentes idées, les différents points de vue, formalise les productions du groupe, reformule les échanges des parties présentes.
  - La synthèse : l'animateur met en évidence les travaux produits, ceux qui restent à produire, les points litigieux...
  - Les résultats atteints : rappeler les actions, les responsabilités, les échéances.
- Quelques méthodes utiles pour remettre en cause le système existant :
  - Le **concassage** : consiste à remettre en cause systématiquement tout ou partie de la solution en place, comme si on devait réduire une pierre en poudre !

Envisager de la…	Que se passerait-il si…
Supprimer	On ne traitait plus le problème ?
Augmenter	On généralise la solution à tous les problèmes similaires ? On pousse à bout sa logique en l'appliquant jusque dans le moindre détail ? En excluant toute modulation, quelle que soit la situation.
Diminuer	On ne l'applique que schématiquement en laissant faire pour le traitement du détail ? On la réserve à quelques situations bien identifiées ? On ne l'applique qu'à certaines étapes ?
Combiner	On la mixe avec d'autres solutions envisageables.
Inverser	On fait le contraire ? On fait dans le désordre ?
Modifier	On change chaque étape en gardant le reste ?

- L'**analogie** : c'est une démarche de recherche de situations extérieures qui présentent une ressemblance même lointaine avec le système étudié. Après avoir identifié les fonctions existantes de ces situations, le groupe étudie les manières de transposer et d'adapter ces fonctions au système étudié.
- Le **système idéal** : il s'agit d'imaginer et de décrire la solution qui accomplirait toutes les fonctions repérées lors de l'analyse de la situation. Le groupe réfléchit sur les écarts et aménage l'existant pour faire un pas vers l'idéal.

■ L'animateur est à la fois le **régulateur** et le **stimulateur** du groupe :

- Il veille aux **conditions matérielles** : réserve une salle dimensionnée par rapport au nombre de participants, (salles de sous-commissions), évalue la nécessité d'un matériel particulier (paper-board, rétroprojecteur…), éventuellement commande des repas…
- Il **facilite** et **régule** les phases de production : propose une consigne de travail, amorce les travaux, sollicite chacun des participants, décide des approfondissements, traite les divergences ou les conflits…

- Il **formalise** les travaux issus du groupe : reformule, synthétise, diffuse les productions du groupe de travail…
- Il **transmet** les conclusions à l'instance décisionnaire.

■ Une réunion de travail est soumise aux **lois de la dynamique de groupe**. Il est donc nécessaire de définir et de faire respecter quelques **principes** de fonctionnement. Citons à titre d'exemples :

- **Créer une identité** : un groupe n'existe pas en tant que tel au début d'une réunion, même si les membres connaissent l'objet de la séance de travail. Il est donc nécessaire de créer une identité, en faisant se présenter les membres, par exemple, en rappelant l'objet de la séance de travail, en « purgeant » les freins éventuels. Enfin, un groupe évolue au fil du temps : l'animateur aura à gérer plusieurs phases de la vie du groupe (naissance, croissance, maturité, régression, dissolution).
- Définir des **règles du jeu explicites**, et les faire respecter : l'objectif est de travailler ensemble. Il est bon de rappeler en début de réunion les aspects suivants :
  - chacun a le droit de s'exprimer librement : toutes les idées sont bonnes à exploiter. La censure ou la bienséance sont à exclure.
  - chacun respecte son collègue : les attaques ou mises en cause personnelles sont prohibées.
  - chacun s'engage à rester jusqu'à la fin du groupe de travail : même si une personne n'est pas d'accord, il est préférable qu'elle exprime l'objet de son désaccord plutôt qu'elle ne quitte la réunion.
  - les membres s'engagent à traiter l'objet de la réunion, et uniquement celui-ci : toute digression fait perdre du temps à l'ensemble du groupe. Chacun a le droit de faire un rappel à l'ordre du jour.
  - chacun respecte la règle de confidentialité : ce qui est dit à l'intérieur du groupe appartient au groupe. Il n'est donc pas question de divulguer quelque information que ce soit à l'extérieur du groupe.

■ Malgré ces précautions, des **situations difficiles** peuvent survenir. Elles peuvent aboutir à l'impossibilité de travailler ensemble et de produire le résultat attendu. Les voies de traitement varient selon la difficulté en présence :

- **Antipathies interpersonnelles** : au cours des entretiens préliminaires, faire prendre conscience de la dimension affective du problème, et la dissocier de l'intérêt collectif. En cas d'échec, faire mandater un représentant à la réunion.
- **Rigidité d'un participant** : multiplier les entretiens préalables et faire apparaître l'aspect affectif des opinions. En cas d'échec, faire mandater un représentant à la réunion.
- **Présence de sous-groupes d'opinions divergentes** :
  - former au travail de groupe au travers de réunions axées sur des discussions à thème ;
  - organiser des réunions de concertation-décisions sur les points faciles et les situations claires ;
  - multiplier les réunions informelles ;
  - mettre les antagonismes en évidence et les analyser collectivement ;
  - en dernier recours, organiser la confrontation.
- **Des personnes ou des sous-groupes sont porte-parole de groupes de pression externes** :
  - interdire la présence d'observateurs ;
  - ne pas tolérer le remplacement de membres par d'autres personnes au fil des réunions successives ;
  - informer clairement les sous-groupes de leur responsabilité vis-à-vis de l'entité concernée par la décision.

En cas d'échec des mesures précédentes, l'animateur a intérêt à transformer la réunion en réunion de résolution de problème et de négociation. (Voir Roger MUCCHIELI, « La Conduite de réunions », éd. ESF.)

FICHE N°60 – CONDUIRE UNE RÉUNION DÉCISIONNELLE

Objet : les points clés d'une réunion de décision dans le cadre du projet tableau de bord

Problématique

Le projet tableau de bord implique de prendre des décisions sur de multiples aspects. L'exercice n'est pas forcément aisé et s'accompagne d'écueils qu'il est bon de connaître et d'anticiper. Quelle que soit son issue, la réunion décisionnelle se concrétise par un résultat.

Comment animer une réunion décisionnelle ?

Idées clés

✓ La réunion décisionnelle ne concerne que les acteurs habilités à engager la structure.

✓ La clé de la réussite réside là encore dans la capacité des acteurs à exprimer leur point de vue sans réserve.

✓ Il n'est pas forcément pertinent de rechercher le consensus à tout prix.

✓ Le désaccord est un résultat possible lors d'une réunion décisionnelle.

✓ Toujours formaliser le résultat d'une décision : les acteurs concernés seront ainsi mieux responsabilisés.

■ Une réunion de prise de décision a pour objectif **d'arrêter une position** sur un sujet donné, pour engager ensuite des **actions**. À titre d'exemple, nous pouvons citer :

- la validation des étapes du projet,
- le choix de méthode, d'objectifs, d'indicateurs, de planning, d'engagement de moyens, de budget,
- la prise en compte des incidences d'événements imprévus.

- La réunion décisionnelle réunit des acteurs **habilités** à décider, c'est-à-dire à engager la structure par les conséquences de leur décision. Dans le cadre du projet tableau de bord, les **acteurs** directement concernés par les réunions décisionnelles sont les membres du **comité de pilotage** ; dans une moindre mesure, ceux de l'équipe de réalisation, voire des acteurs plus ponctuels, peuvent être impliqués, mais surtout à titre consultatif.

- La réunion décisionnelle s'applique particulièrement à **trois types** de situations du projet tableau de bord :

  - choix liés aux **étapes** d'élaboration du tableau de bord : objectifs du projet, ressources à mettre en œuvre, choix des indicateurs...
  - choix face à un **problème** relatif au développement ou à la mise en œuvre du projet ;
  - besoin **d'ajuster** les composantes : planning et/ou ressources face à événement imprévu.

- Compte tenu des enjeux, une réunion décisionnelle se **prépare** : les décisionnaires sont informés au préalable des hypothèses d'action dont les incidences sont évaluées et comparées. Le travail ne consiste pas à analyser la situation ou identifier des solutions, mais bien de se positionner sur des points déjà étudiés.

- L'animateur de la réunion veille à respecter des **étapes** clés :

  - le rappel du thème et de l'objectif de la réunion ;
  - l'exposé des différentes hypothèses en présence : caractéristiques, enjeux, critères de décision, conséquences de chaque hypothèse ;
  - l'échange entre les décideurs : faire s'exprimer les différents points de vue ;
  - la reformulation des points clés : accords, hésitations, divergences, désaccords ;
  - la phase de décision proprement dite : inciter à prendre une position, faire apparaître les risques à retarder la décision ;
  - la synthèse des points : décidés, en suspens, reportés.

- Le **résultat** d'une réunion de prise de décision peut être :

  - un **consensus** : l'ensemble des participants est satisfait, et l'unanimité s'opère autour d'une solution construite en commun.
  - un **compromis** : les intérêts essentiels sont satisfaits après des ajustements successifs où dominait la volonté de trouver une solution. La recherche de compromis est un terrain favorable au « bluff », et à l'abandon réciproque de prétentions sans rapport entre elles.
  - une **concession** : c'est le résultat d'une épreuve de force où l'une des parties a cédé sans compensation.
  - un **désaccord** : c'est le point de départ d'une nouvelle discussion s'il ne résulte pas de la volonté de faire échouer la discussion pour des raisons stratégiques ou affectives.

- L'animateur a intérêt à être attentif aux **attitudes dangereuses** en réunion de prise de décision :

  - la **polémique** : vise à briser la discussion par des attaques agressives à tout propos et à instaurer un climat qui empêchera de traiter les questions importantes.
  - le **stratagème** (ou manipulation) : tente de détourner l'autre de son objectif et se manifeste par :
    - l'introduction de discussions infinies sur des détails, le sens d'un mot, des généralisations abusives ou au contraire la focalisation sur un cas particulier, l'inversion des relations de cause à effet, etc. ;
    - la dévalorisation, l'ironie, la culpabilisation, l'enfermement de l'autre dans une logique qui lui est prêtée ;
    - la réorientation brutale de la discussion, le changement inopiné d'argumentation, jouer la montre...
  - Le **passage en force** : tentative de s'imposer par le quitte ou double, l'affirmation gratuite, se poser en exemple, l'énoncé de fausses évidences. (Voir Lionel BELLENGER, « Stratégies et tactiques de négociation ».)

FICHE N°61 – REPÉRER LES COMPORTEMENTS DES ACTEURS

Objet : identifier le plus tôt possible la position des acteurs du projet

Problématique

Tous les acteurs ne sont pas demandeurs de changement ! Le tableau de bord bouscule l'équilibre existant. D'où l'émergence de comportements pas toujours en accord avec les objectifs visés... Le responsable a intérêt à anticiper certains phénomènes. Il doit pour cela savoir les détecter et les intégrer dans le projet.

Comment identifier et traiter les jeux des acteurs ?

Idées clés

- ✓ Détecter les comportements ne veut pas dire « coller des étiquettes » !
- ✓ Un comportement varie selon différents facteurs.
- ✓ Savoir détecter les facteurs de leviers et de freins facilite le traitement des positions d'acteur.
- ✓ Communiquer signifie également « être à l'écoute de l'autre »...
- ✓ Les étapes initiales du projet sont des occasions privilégiées pour détecter les freins et les leviers.

■ Un acteur n'est jamais totalement « pour » ou « contre » le projet. La situation est plus **complexe** qu'une simple approche duelle : l'attitude varie au fur et à mesure de l'avancement du projet, de la perception d'avantages potentiels, du groupe de personnes auquel l'acteur appartient à un moment donné...

■ Une grille de lecture simple consiste à identifier le **degré de positionnement** entre des facteurs de **synergie** et **d'antagonisme**, en étant conscient du caractère réducteur d'une telle formalisation.

NIVEAU	SYNERGIE (+)	ANTAGONISME (–)
1	• Implication minimale, ne se sent pas concerné	• Acceptation passive, désaccord éventuel non exprimé
2	• Curiosité et attentisme, pas d'initiatives	• Désaccord exprimé, souhait d'être entendu
3	• Participation active ponctuelle	• Rapport de force investi dans la négociation et la recherche de compromis
4	• Engagement fort, volonté de faire aboutir le projet	• Hostilité sans concession

■ La clé du traitement de ces situations réside dans la capacité à communiquer, à **être en relation** avec les acteurs concernés. N'oublions pas que le changement fait peur. L'acteur se positionne dans une situation complexe en fonction de ce qui détermine son attitude à un moment donné :

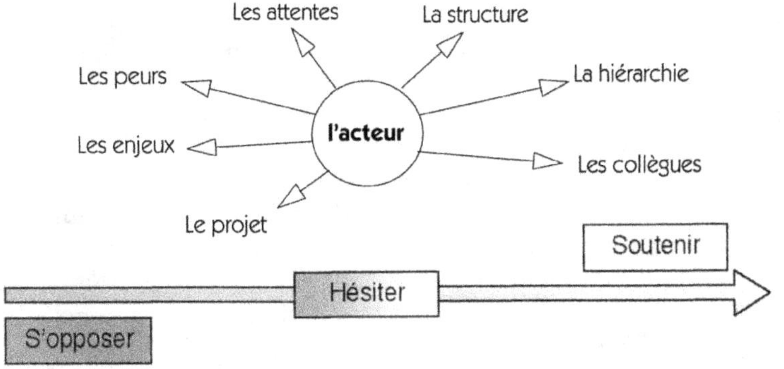

Le responsable doit donc développer sa capacité à :

- **écouter** : c'est-à-dire reconnaître ce qui est dit, et savoir l'accepter du point de vue de la personne ;
- **décoder** : le non-dit est souvent plus important que ce qui est dit ;
- **comprendre** : la position adoptée dans le système de valeur de l'acteur.

pour identifier si l'acteur est plutôt :

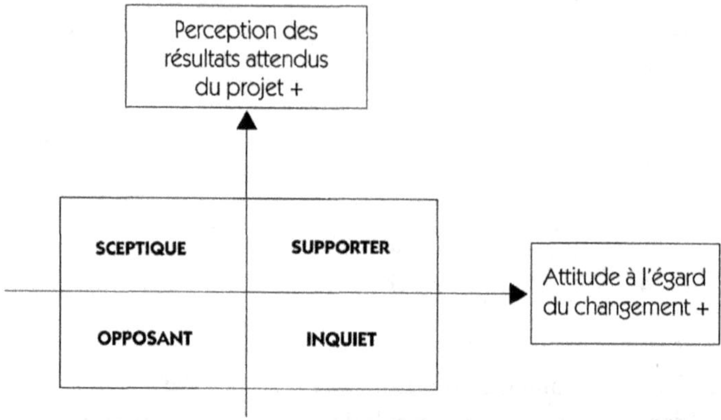

■ Le positionnement de l'acteur peut s'expliquer :

- Du point de vue des **gains** et **pertes individuels** induits par le projet de tableau de bord. Le projet peut, par exemple :
  - faire perdre ou gagner des **avantages** : primes, souplesse pour les repos et les vacances ;
  - faire perdre ou gagner des **positions** : pouvoir d'influence, indépendance dans le travail, comptes à rendre ou non, marge d'initiative…
  - modifier (en « bien » ou en « mal ») les **conditions de travail** : horaires, confort, lieu, rythme…
  - générer un surcroît de travail.
- Du point de vue des **gains** et des **pertes** pour la structure. Il peut y avoir perception du risque de :
  - échec du projet ;
  - surcoût : consacrer des moyens importants à un projet dont l'apport sera faible ;
  - déclencher (ou révéler) de conflits latents ;
  - déstabiliser un système « qui fonctionne ».

- Du point de vue du **positionnement** par rapport à la **structure** :
  - indifférence ;
  - ambitions personnelles ;
  - hostilité, rancœur, frustration par rapport à la vie professionnelle ou la position sociale ;
  - identification à la structure, à l'équipe ;
  - se sentir personnellement menacé ou mis en cause.
- Du point de vue de l'**attitude de vie** :
  - besoin de challenge, de nouveauté, d'être stimulé ;
  - recherche de reconnaissance, désir de se réaliser, désir de prouver ses capacités ;
  - complexe d'infériorité : se sentir incapable ;
  - sentiment de supériorité : attitude critique systématique des autres ;
  - situation personnelle transitoirement déstabilisante (vie familiale, maladie, situation économique).

■ La stratégie de communication possible avec chacun des groupes identifiés consiste à moduler les contenus en fonction des différents positionnements.

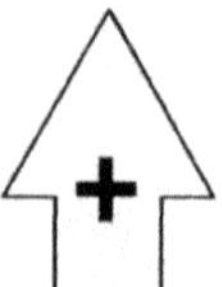

Groupes	Objectifs	Contenus
SUPPORTERS	Mobiliser Animer	• Les actions à entreprendre • Les buts à atteindre • Les bénéfices recherchés
SCEPTIQUES	Convaincre Rassurer	• Les bénéfices attendus pour la structure et les personnes • La compensation des pertes • Les solutions aux problèmes soulevés
INQUIETS	Rassurer Faire collaborer	• Les bénéfices attendus pour la structure • Les réussites • Les solutions aux problèmes soulevés
OPPOSANTS PASSIFS	Soutenir	• Les bénéfices attendus pour la structure et les personnes • La compensation des pertes • Les aides à l'adaptation
OPPOSANTS ACTIFS	Initier une négociation	• Les bénéfices individuels • Les intérêts communs • La compensation des pertes

FICHE N°62 – APPROCHE « RATIONNELLE » DE LA DÉCISION

Objet : outils au service de la décision

Problématique

Le tableau de bord est un outil orienté vers l'action. Mais quelle action entreprendre ?... Le responsable, qui doit faire un choix, ne souhaite pas se tromper. Exercice difficile, que certaines techniques peuvent faciliter... sans évacuer pour autant la part de risque !

Quels sont les outils le plus couramment utilisés pour décider ?

Idées clés

- ✓ Il n'existe pas d'outil qui élimine tout risque dans la prise de décision.
- ✓ Il faut bien choisir l'outil en fonction de l'objet et du contexte de la décision.
- ✓ Les outils de décision servent à clarifier une situation.
- ✓ Ils n'enlèvent pas la part de subjectivité, et sont parfois très utiles pour... apaiser sa peur de décider.
- ✓ L'important est probablement plus le dialogue engendré par le résultat que le résultat lui-même.

■ La notion de rationalité dans les processus de décision reste un sujet délicat compte tenu de **l'incertitude** et des **risques** en présence. Décider est avant tout un processus de choix, d'*abandon*, entre plusieurs hypothèses en présence. Tout se passe comme si le responsable voulait réduire l'incertitude qui accompagne la décision qu'il doit prendre.

Voir fiche 63

Décider « rationnellement » suppose...	Mais...
• d'avoir choisi les informations sur lesquelles va se fonder la décision	... la connaissance du métier, de l'environnement, des personnes, les automatismes et l'intuition jouent un rôle clé à ce stade
• d'avoir clarifié le but à atteindre	... les orientations stratégiques opérées en amont résultent elles-mêmes d'un processus de choix
• d'avoir dressé l'inventaire des actions possibles	... les limites de la créativité, les limites psychologiques et éthiques, les jeux d'acteurs et les a priori des décideurs, rendent illusoire l'étude de toutes les solutions identifiées
• d'avoir fait l'inventaire des résultats possibles de chacune des actions envisagées	... il s'agit de croiser les actions possibles avec les événements possibles
• d'avoir fait l'inventaire des événements qui peuvent affecter le résultat de chacune des actions possibles	... idem et, de plus, des événements à très faibles probabilités ou qui ne se sont jamais produits ne seront pas pris en considération
• d'avoir évalué le coût de chaque action	... il s'agit d'évaluation, c'est-à-dire d'une prévision entachée d'erreur
• d'avoir évalué les gains nets de chacun des résultats possibles	... idem

■ Les démarches « rationnelles » de décision font apparaître quelques **règles** qu'il est utile de rappeler :

- Règles qui prennent en compte la probabilité des événements :

Probabilité maximale	• L'homme d'action considère que l'événement le plus probable est certain et que celui de faible probabilité est impossible.
Espérance maximale	• L'homme prudent (à l'opposé du joueur) choisit l'action pour laquelle l'espérance de gain net est maximale.

- Règles qui **ne prennent pas en compte les probabilité des événements** :

Gain maximal (maximax)	• Position de l'optimiste qui considère comme certain le résultat le meilleur de chaque action.
Perte maximale (maximin)	• Attitude du pessimiste qui considère comme certain le plus mauvais résultat de chaque action.
Gain moyen maximal	• Ce décideur considère que les différents résultats possibles sont équiprobables et va pencher pour l'action qui présente le gain moyen le plus élevé.
Regret minimal (maximaxregret)	• Ce décideur choisit l'action qui conduirait au gain maximal en pariant que l'événement le plus favorable se produira. Ne pas la choisir provoquerait un manque à gagner.

■ Le principal risque auquel s'expose le responsable est celui de la critique de ceux qui ne partagent pas son échelle de valeur… à l'instant considéré. Les opposants à une solution peuvent être ultérieurement de farouches partisans, voire se considérer comme les initiateurs d'un scénario controversé.

■ Le **vote multicritères** : c'est un outil de prise de **décision collective** qui permet de sélectionner une solution parmi celles qui sont proposées.

Le principe consiste à retenir la solution ayant obtenu le plus grand nombre de points, chaque participant notant différents aspects (ou « critères ») d'une solution. Les critères peuvent, ou non, être « pondérés » (affecter un coefficient pour marquer l'importance du critère concerné).

Conseils

- Les participants disposent de la liste des solutions proposées et des critères retenus.
- Les critères sont définis de la manière la plus « **objective** » possible : économiques, sociaux, techniques, qualitatifs, organisationnels, relatifs aux motivations...
- Les coefficients de pondération sont **fixés collectivement**.

L'utilisation d'une matrice de dépouillement facilite le choix définitif :

Solution		**Critère**					**Total**
	Coefficient	**A** (3)	**B** (1)	**C** (2)	**D** (1)	**E** (2)	
S 1 – Principes		9	8	12	5	11	86
S 2 – Principes		8	5	7	12	12	79
S 3 – Principes		12	7	9	4	5	75
S 4 – Principes		11	12	10	6	8	87

Dans cet exemple, 5 personnes ont noté chaque critère de 0 à 3.

■ Les **diagrammes polaires** (RADAR) : le « radar » est un outil de **représentation** des avantages d'une ou plusieurs situations selon plusieurs critères. Il permet une **comparaison visuelle et immédiate** des solutions possibles.
L'analyse s'effectue, selon le cas, à l'aide de **6 à 12 critères**, formalisés par autant d'axes gradués. Il est donc nécessaire d'avoir quantifié au préalable les différents paramètres.

- Ce graphique peut servir à comparer une solution avec une « solution cible », ou plusieurs solutions entre elles.
- Les critères retenus peuvent être les mêmes que pour le vote multicritère.
- Plus la surface couverte par la courbe correspond à une solution, plus les paramètres sont considérés comme pouvant être maîtrisés.

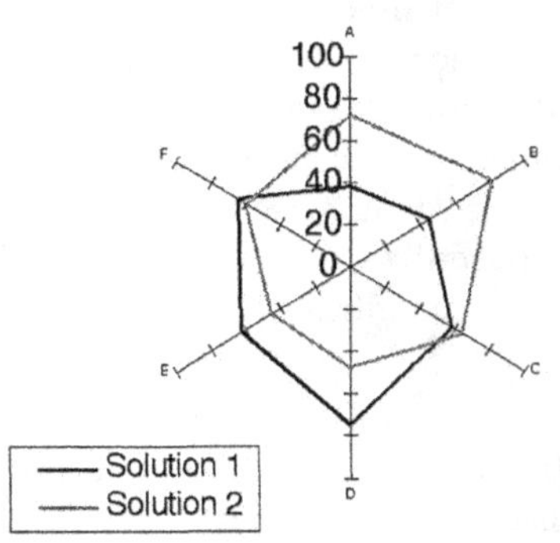

Dans le graphique suivant, les 2 solutions sont comparées selon les critères A à F notés chacun de 1 à 100.

- **L'arbre de décision** : c'est un outil de décision statistique. Rarement utilisé en raison de sa complexité, il permet de **comparer** des solutions indépendantes entre elles (par exemple : le choix d'objectifs en matière de qualité).

Les étapes de la démarche sont les suivantes :

- Identifier les **solutions** Sx (S1, S2, S3)... envisagées et évaluer le coût de chacune d'elles (Cs1, Cs2...).
- Identifier les **événements** E1, E2, E3, E4... qui peuvent affecter le résultat des solutions Sx envisagées et les probabilités respectives Px (P1, P2, P3...) de chacun d'eux ; la somme des probabilités des événements rattachés à une solution doit être égale à 1(ci-après E1 + E2 = 1).
- Identifier les **résultats** R(Sx ; Ex) qui peuvent être obtenus : R(S1 ; E3) sera obtenu si on a choisi la solution S1 **et** si l'événement E3 s'est produit.
- Évaluer le **gain** net de chacun de ces résultats (Gain obtenu / coût de la solution).

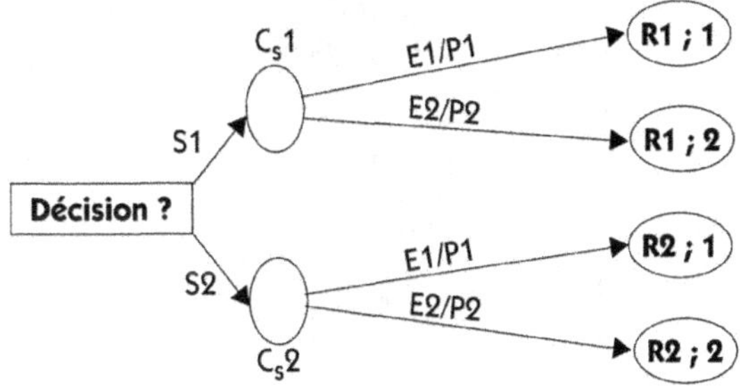

- Cet outil n'est utile que si **l'évaluation** des gains et des coûts peut être faite de façon **réaliste**. Le gain net probable est le produit du gain net du résultat étudié par la probabilité de l'événement qui y conduirait.
- Cette technique repose sur les démarches probabilistes. Il est utile de se référer aux sources d'information possédant bien ces techniques de quantification.

■ La fiche d'analyse de solution : c'est un outil de **synthèse** des caractéristiques des solutions envisagées, bien utile pour préparer une prise de décision.
Ce document récapitule pour chaque solution :

- les **avantages** et les **inconvénients** : caractérisés en termes qualitatifs et quantitatifs ;
- les **conditions de mise en œuvre** : moyens à mettre en œuvre, étapes à respecter, risques éventuels, impacts sur la culture interne ;
- le **coût** : en prenant en compte les coûts d'acquisition, de développement et surtout de fonctionnement de la future solution ;
- le **plan d'action**.

FICHE N°63 – APPROCHE AFFECTIVE DE LA DÉCISION

par Monique LACOTTE,
chargée de cours au CNAM : « Le décideur irrationnel »

Objet : la face cachée de la prise de décision

Problématique

Le monde de l'entreprise a construit un mythe : celui du décideur rationnel et solitaire. Décider rapidement et sans état d'âme semble être la vertu principale pour être reconnu dans le milieu entrepreneurial. La décision se réduit-elle pour autant à une simple équation de critères considérés comme « objectifs » ? Elle est en fait un processus beaucoup plus complexe que cela, du fait même de la présence d'une composante humaine : l'émotion.

Comment intégrer la composante émotionnelle dans la prise de décision ?

Idées clés

✓ Même les approches prétendues rationnelles intègrent des facteurs émotionnels : il s'agit de choisir un niveau de risque.

✓ Le choix lié à la décision peut révéler un inconfort, car choisir, c'est perdre !

✓ Le décideur évolué est celui qui intègre les aspects extérieurs et intérieurs de la situation sur laquelle il est appelé à statuer.

✓ L'autorité pondérée et explicitée conduit à l'autonomie, condition d'une prise de décision fondée.

✓ La prise de décision suppose une certaine liberté, à bien différencier du libre arbitre qui est très lié à notre ego.

✓ Attention au fossé entre les paroles et les actes !

Voir fiche 62

- La prise en compte des seules approches « *rationnelles* » ne suffit pas à obtenir une **décision fondée**. Des **facteurs émotionnels** interagissent en effet de manière inconsciente, et peuvent influencer les décisions.

- Étymologiquement, décider signifie « **couper** », « trancher » (le hiéroglyphe égyptien qui représente ce concept est d'ailleurs une hache). Le décideur est une personne dont le statut l'amène à **séparer** deux ou plusieurs aspects d'une réalité pour en **choisir** un en particulier. Le processus décisionnel en entreprise met donc en jeu des dynamiques inconscientes, liées à la capacité à vivre le choix et à gérer la relation entre **l'autorité** et le **pouvoir**.

- Les mécanismes de la prise de décision s'enracinent principalement dans la difficulté à **reconnaître** et **accueillir** les **facteurs émotionnels** en présence : ceux du décideur, ceux de son entourage. Tout d'abord, validons le terme : une émotion est une **demande non formulée**, chaque émotion exprimant un besoin. Chaque fois que le besoin exprimé est refoulé, un inconfort apparaît et conduit, sans que nous le sachions, à une micro-décision **instantanée** dont l'objectif est de rétablir le confort perdu.

- Même en prenant en considération ces facteurs émotionnels, la décision est grosse de crises qui donnent naissance à des changements :

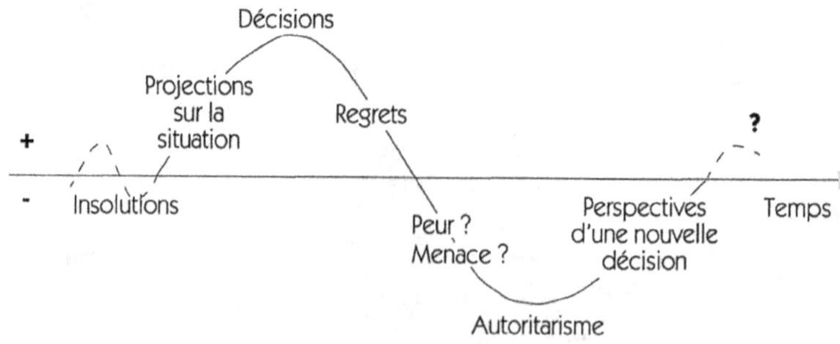

■ On peut globalement résumer les **quatre émotions**[1] principales et leur fonction de la manière suivante :

- la **peur** : elle semble l'émotion de base parmi les quatre citées. Elle demande de la sécurité, alors qu'elle est *compensée* par de la sécurisation (ex. : se retrancher derrière une étude de rentabilité).
- la **tristesse** : elle exprime un besoin de réconfort. Cette émotion serait fondamentalement liée à l'abandon, à un deuil non fait. Cette émotion est très difficile à contacter pour les décideurs d'entreprises. En effet, l'accès à la tristesse leur est barré par l'interdit culturel majeur : « Un garçon ne pleure pas ! » Ils sont souvent amenés à remplacer leur tristesse par de la colère, ce qui génère un comportement autoritariste. Ce fonctionnement peut conduire à l'isolement.
- la **colère** : c'est une émotion secondaire, qui peut masquer la peur ou la tristesse. Elle exprime le besoin de changement, pour qu'une situation cesse de fonctionner comme telle. Elle déclenche souvent aussi un comportement autoritariste.
- la **joie** : elle exprime le besoin de partager et de maintenir le climat de plaisir. La joie aussi peut être refoulée ; dans ce cas, elle crée un inconfort car le besoin est insatisfait.

---

1. *Les émotions doivent être distinguées des sentiments :*
- *Les* ***émotions*** *sont physiologiques (c'est du corps), nous naissons avec : au nombre de quatre (joie, peur, tristesse, colère), elles précèdent le langage et ne peuvent être interdites : il est aussi dommageable d'empêcher quelqu'un de pleurer que de l'empêcher d'uriner.*
- *Les* ***sentiments*** *sont la socialisation des émotions. Ils sont très nombreux, et apparaissent avec le langage. Seule la personne concernée est capable de dire ce qu'elle ressent. Toute une gamme de sentiments est reliée à chaque émotion (ex. : la crainte, l'appréhension, la menace, sont des sentiments reliés à l'émotion « peur »).*

- Dans l'aspect du processus de décision dont nous traitons ici, le responsable confronte les aspects suivants :
  - le **renoncement** : il est propre au choix, car **choisir**, c'est **perdre**. Un vrai choix implique de traverser :
    - le **deuil** : de ce que l'on perd, et aussi de ce que l'on n'aura jamais. L'émotion tristesse est donc ressentie d'une manière ou d'une autre (exemple : la nostalgie).
    - le **regret**, à travers l'impossibilité de revenir sur le ou les aspects « délaissés » (« Je prends quelque chose, et je laisse autre chose... quelles qu'en soient les conséquences »).
  - **l'incertitude** : rien ni personne n'est là pour garantir le résultat escompté. **Le décideur devrait connaître le doute**, sans pour autant se laisser envahir par lui. Lorsque le doute est structurant[1] , c'est un indicateur des dangers ou des menaces contextuelles à prendre en considération, et des paramètres encore insuffisamment identifiés qu'il permet d'explorer.

  Enfin, **l'humilité** résulte de ces deux facteurs, lorsqu'ils sont perçus, acceptés et traversés. Le droit à l'erreur fait certes partie intégrante du processus décisionnel, et **c'est en l'intégrant** que l'on réduit au mieux le risque d'erreur. Le plus difficile est de savoir reconnaître que l'on s'est trompé !
- La « bonne » décision est celle dont le résultat répond aux **besoins** des différentes parties en présence. Elle est **féconde**, dans le sens où elle génère d'autres initiatives, elles-mêmes positives pour le système et son développement.

---

1. *Deux situations extrêmes et délicates peuvent cependant se présenter :*
   - Le décideur ne ressent aucun doute : situation critique quant à la qualité de la décision qui en résulte !
   - Le décideur est envahi par le doute : à ce stade, il a besoin d'un avis extérieur, bienveillant et neutre (c'est-à-dire non directement concerné par le contexte).

- Pour prendre une décision fondée, le décideur a intérêt à :
  - faire **émerger** les différents besoins des parties en présence :
    - **être conscient** de ses propres besoins : se poser la question « Dans ce contexte, qu'est-ce que je ressens ? »
    - **parler vrai** aux personnes concernées par la décision,
    - **être à l'écoute** des besoins des autres personnes.
  - les **valider** pour s'assurer qu'ils ne soient pas biaisés par la positivité (qui empêche d'exprimer ce qui est difficile, ce qui ne fait pas plaisir) :
    - créer un climat où les gens peuvent dire librement et de manière argumentée ce qu'ils recherchent, ce qu'ils ne veulent pas,
    - recevoir des critiques,
    - recevoir des refus (à ne pas confondre avec des rejets).
- Tout au long de l'histoire des hommes, prendre une décision a souvent été associé à deux choses : l'**autorité** et le **pouvoir**. Le décideur devrait être capable de distinguer et de se situer par rapport à ces deux notions :
  - L'**autorité** est liée à la capacité à se développer à travers tous les actes de sa vie (cf. l'étymologie auctor : « être auteur de soi-même »). Avoir de l'autorité, au sens où nous l'employons ici, serait disposer d'une autorité naturelle qui permet de faire réaliser à son entourage les tâches nécessaires dont nous avons la charge.
  - Le **pouvoir** peut être distingué en :
    - **pouvoir de compétence** : prérogatives, très souvent tacites, attribuées en fonction du degré d'intégration d'un savoir ou d'une pratique ;
    - **pouvoir institutionnel** : prérogatives **explicites** accordées par la structure à une fonction (ex. : « responsable Administratif et Financier »). Le pouvoir hiérarchique relève de ce niveau.
- La **dynamique de pouvoir** dans la décision résulte d'un rapport entre deux **volontés** :
  - chez le **détenteur du pouvoir** : le désir de pouvoir s'enracine dans trois facteurs complémentaires :
    - une passion correspondant à une énergie au service d'un intérêt,

- un intérêt se traduisant en objectifs pour vivre une valeur,
- une représentation permettant de passer concrètement des passions aux intérêts par l'intermédiaire d'un programme et d'une stratégie.

  Ces trois facteurs conjugués transforment le désir en une volonté délibérée de le concrétiser par tous les moyens.

- chez le **récepteur de ce pouvoir** : le désir du récepteur peut revêtir deux formes différentes :
  - soit être de **même nature** que celui du détenteur du pouvoir, avec une passion, un intérêt et une représentation. Si les deux intérêts sont en **contradiction**, il y aura conflit ou affrontement selon les cas. Si les deux intérêts sont **identiques**, il y aura adhésion et collaboration.
  - soit être de **nature différente** : le récepteur recherchant, pour retrouver son assurance et sa confiance en lui, la **sécurité** (il est peu sûr de lui, il a besoin d'éliminer toute crainte), ou un **appui** (besoin de sentir une protection, un soutien, une aide).

■ La prise de décision peut générer un **comportement autoritaire**. En cas de conflit, la personne a du mal à se confronter à la situation et a tendance à la fuir. Deux possibilités lui sont offertes :

- faire comme s'il n'y avait pas de difficultés : il y a donc fuite face au contexte ;
- recourir à la force pour se faire obéir : dans ce cas, on passe de **l'autorité au pouvoir**.

Fiche N°64 – Savoir questionner le système

Objet : l'outil « 3QOCCP » appliqué au projet tableau de bord

Problématique

Comme dans tout projet, le principal risque consiste à considérer le tableau de bord comme la solution miracle du moment. Est-ce pour autant l'outil dont a réellement besoin le responsable ? Avant de se lancer dans un projet tel que le tableau de bord, le responsable a intérêt à se questionner sur le contexte qui peut le conduire à élaborer un tableau de bord.

Quelles sont les questions clés pour valider le besoin d'un tableau de bord ?

Idées clés

✓ Le 3QOCCP permet de questionner les différents domaines du système étudié.
✓ Le plus important n'est pas la réponse mais probablement la question elle-même !
✓ Croiser les questions entre elles (qui/pourquoi ? quand/comment ?...).
✓ Ne jamais laisser une question sans réponse : revenir à la charge auprès de l'interlocuteur.
✓ Reformuler les éléments de réponse pour valider les informations.

■ L'un des outils traditionnels en organisation est le « **3QOCCP** ». Cette liste de mots-clés facilite la recherche d'informations et la description sur des domaines définis :

- « **Qui** ? » : les acteurs internes ou externes concernés par le thème d'étude.
- « **Quoi** ? » : l'objet de l'étude, mais aussi les supports (dossiers, demandes...).
- « **Quand** ? » : la dimension temporelle, prévisionnelle ou réelle (échéance, heure...).

- « **Où** ? » : le lieu considéré (le service, la région...).
- « **Comment** ? » : les modalités de travail (procédures, circuits...).
- « **Combien** ? » : les éléments chiffrés de la situation (volumes, coûts, charges...).
- « **Pourquoi** ? » : les causes de la situation constatée.
- « **Pour... quoi** ? » : les finalités considérées (buts, utilités...).

■ Ce questionnement peut s'appliquer non seulement au tableau de bord lui-même mais également à toutes les situations qu'il est destiné à traiter ou qui apparaîtront au cours de sa conception et de sa mise en œuvre.

■ Préparer à l'avance un **guide de collecte** d'informations sous forme d'une liste de questions sur les cinq thèmes, « Qui ? », « Quoi ? », « Où ? », « Quand ? », « Comment ? ».

■ Poser successivement chacune des questions précédentes et, à chaque réponse, s'informer sur :

- « **Combien** ? »,
- « **Pourquoi** ? » (cause),
- « **Pour... quoi** ? » (finalité).

■ Attention ! Les investigations sur les causes peuvent être reçues comme des demandes de justification de la part de l'interlocuteur. Afin d'éviter ce risque, il est parfois indispensable d'utiliser des formules du type : « Qu'est-ce qui explique ces pratiques ?... » plutôt que « Pourquoi pratiquez-vous comme cela ? ».

■ Appliqué au projet tableau de bord, voici quelques questions clés permettant de valider certaines étapes :

- Utilisation pour une **analyse descriptive** (quel tableau de bord ?) :
  - **Quoi** : quel type de tableau de bord veut-on ?
  - **Qui** : quels sont les commanditaires, les bénéficiaires, les intervenants dans sa réalisation, les utilisateurs, les personnes chargées de le renseigner ?
  - **Où** : quels sont les services, les unités concernées ? Où sera-t-il tenu ? Où sera-t-il exploité ? D'ou viendront les informations de base (origines, supports) ?

- **Quand** : quand doit-il être opérationnel ? Quelles sont les échéances intermédiaires ? Quand, selon quelle fréquence sera-t-il publié ?
- **Comment** : quelle est la méthodologie adoptée pour sa conception et son élaboration ? Quelles sont les procédures mises en place pour son exploitation ?

• Utilisation pour une **analyse critique** (pourquoi un tableau de bord ?) :
- **Quoi ?** :
  L'opération est-elle utile ?
  L'opération est-elle indispensable ?
  Que se passerait-il si on décidait de ne plus la réaliser ?
  L'opération est-elle la conséquence d'une autre opération mal conçue ?
  L'opération peut-elle prendre une forme plus simple ? Si oui, laquelle ?
- **Qui ?** :
  Les personnes nommées sont-elles les plus indiquées pour effectuer ce travail ?
  Pourquoi est-ce telle personne qui a été chargée de tel rôle dans le projet « tableau de bord » ?
  Est-elle celle qui convient le mieux ?
  Quelles qualités sont nécessaires pour faire ce travail ?
  Qui serait en mesure de l'effectuer au moins aussi bien ?
- **Où ?** :
  Est-ce le site, l'unité qui convient le mieux pour conduire ce projet ?
  Peut-on réduire ou faciliter les communications en localisant ailleurs le chef de projet et/ou l'équipe projet, les réunions ?
- **Quand ?** :
  Est-ce le moment qui convient le mieux pour réaliser ce projet ?
  Est-ce la durée qui convient le mieux ?
  Quelles autres conditions conviendraient au moins aussi bien ?
  N'y a-t-il pas des projets plus importants à réaliser en même temps ?

– **Comment ?** :

Est-ce la meilleure façon de s'y prendre pour réaliser ce tableau de bord ?

Existe-t-il une méthodologie plus efficace ? Si oui laquelle ?

L'équipement mis à disposition est-il suffisant ? Pléthorique ?

Quels moyens supplémentaires faudrait-il ?

– **Combien ?** :

Quel est le volume d'activité (nombre d'unités, de métiers concernés, d'indicateurs à trouver, de futurs utilisateurs impliqués) ?

Combien de personnes sont-elles impliquées dans la conception et la réalisation, pour combien d'heures de travail ?

Quel est le temps estimé de réalisation ?

Quel est le coût de la réalisation ? de l'exploitation du tableau de bord ?

– **Pourquoi ?** :

Qu'est-ce qui a conduit à mettre en place un tableau de bord ? À le faire maintenant ?

À quel besoin répond-il ?

Pourquoi n'y a t-il jamais eu de tableau de bord auparavant ?

Pourquoi les projets de tableaux de bord passés n'ont-ils pas abouti ?

– **Pour... quoi ?** :

Quel est le but ou l'objectif de ce projet ? de ce travail ?

Dans quelle mesure, cela explique-t-il ce qui est fait, qui en est chargé, où cela est fait, quand cela est fait et comment cela est fait ?

Voir fiche 5, p. 16

■ Chaque aspect du *système* concerné peut être passé au crible de ces questions. Certes, l'information collectée à la suite du questionnement est importante, car elle permet de caractériser le contexte du projet, puis du tableau de bord proprement dit ; mais le plus important est probablement le fait même de questionner, ce qui influe sur le degré de connaissance des acteurs du système.

- Le questionnement est dérangeant, y compris pour soi ! Il est donc utile de ne pas laisser une question sans réponse. Parfois, il est nécessaire de laisser un temps de réflexion pour que les idées émergent ou que les réticences s'amoindrissent.
- Identifier les éléments de réponse non verbale : ils sont parfois plus éclairants que des réponses stéréotypées !

FICHE N°65 – EXEMPLES D'INDICATEURS

Objet : proposer quelques indicateurs par domaine pour alimenter la réflexion

Problématique

Rechercher des indicateurs est un exercice parfois délicat. La créativité n'est pas toujours au rendez-vous, et il peut être bon d'avoir des pistes de recherche. Par ailleurs, certains indicateurs constituent des références pour des préoccupations récurrentes. Il n'empêche que c'est au responsable de définir et valider précisément les indicateurs dont il a besoin.

- Qualité :
  - Intrants :
    - Nombre de réceptions non conformes
    - Nombre de retours chez les fournisseurs
    - Taux de fournisseurs certifiés
  - Sur processus d'activité :
    - Nombre de défauts
    - Répartition des défauts par nature
    - Taux de rebuts
    - Nombre de pannes machine
    - Durée d'immobilisation des machines
    - Taux de disponibilité de l'équipement
    - Nombre de rupture de stocks
  - Extrants :
    - Nombre de réclamations
    - Nombre de litiges
    - Nombre de clients perdus
- Activité :
    - Nombre de dossiers traités (commandes, dossiers, contrats, appels d'offres…)
    - Nombre de visites
    - Délai de traitement d'une commande

- Charge de traitement par dossier
- Stocks de dossiers non traités
- Volume d'archives

■ Productivité :

- Nombre de contacts clients par agent
- Nombre de contacts avant signature
- Nombre moyen de dossiers traités par agent
- Taux d'utilisation des équipements

■ Ressources humaines :

- Recrutement :
  - Nombre de candidatures spontanées reçues
  - Nombre de recrutements
  - Nombre de départs
  - Nombre de mutations
  - Nombre de postes pourvus en interne
  - Nombre de contrats à durée déterminée
- Formation :
  - Fréquence des évaluations du personnel
  - Polyvalence du personnel
  - Nombre de stages
  - Nombre d'heures de stage par salarié
  - Pourcentage de la masse salariale affectée à la formation
  - Degré d'adéquation de la formation par rapport au poste de travail
  - Indice de satisfaction du personnel formé
- Climat social :
  - Volume d'heures supplémentaires
  - Absentéisme
  - Nombre de jours de grève
  - Taux de participation aux grèves
  - Taux de turn-over
  - Salaire moyen par catégorie
- Sécurité du travail :
  - Nombre d'accidents du travail
  - Taux de gravité

- Économiques :
  - Coût de l'heure travaillée
  - Coût de traitement d'un dossier
  - Budget de fonctionnement du service
  - Budget de sous-traitance
  - Délai de règlement (clients, fournisseurs)
  - Frais financiers
  - Taux de remises
  - Montant des remises accordées (global, par commercial)
  - Volume des dossiers litigieux (nombre, coûts)
- Environnement/contexte :
  - Nombre de sinistres sur le secteur
  - Taux de sinistralité
  - Nombre de concurrents
  - Évolution des marchés (nature, part...)
  - Évolution de l'emploi sur le secteur
  - Nombre de partenaires externes
  - Fréquence de contact avec les partenaires
  - Image de l'entreprise

FICHE N°66 – ÉLABORER UN GUIDE D'UTILISATION DU TABLEAU DE BORD

Objet : exposer le contenu du répertoire des indicateurs, de leur fiche de mise en œuvre et du répertoire des procédures d'utilisation

Problématique

Le tableau de bord entraîne l'utilisation d'un langage commun et centre l'attention de tous les acteurs sur des données quantifiées et reconnues par les utilisateurs pour leur représentativité. Il est donc particulièrement important de se mettre d'accord sur le sens des termes utilisés, et de formaliser cet accord dans un document afin d'éviter les interprétations et les détournements de sens.

Quels sont les natures et contenus de ces documents ?

Idées clés

- ✓ Il faut donner un sens aux mots : « Cela va sans dire mais va mieux en le disant. »
- ✓ Un tableau de bord est un outil d'animation ; il doit permettre d'éviter les conflits, et non les générer.
- ✓ La plupart des conflits proviennent de malentendus.
- ✓ Plus une chose est évidente pour tout le monde, plus elle mérite d'être explicitée.
- ✓ Tout le monde n'y « voit » pas la même chose (évidence vient de videre, « voir »).

■ Le projet tableau de bord génère des concepts, outils..., qu'il est nécessaire de formaliser à travers une documentation. La notion de « guide » constitue le moyen le plus sûr pour harmoniser la signification des termes et de la démarche employés, et la diffuser aux utilisateurs.

■ En matière de tableau de bord, le guide documentaire se compose de 3 éléments :

- le **lexique des termes** utilisés,
- le répertoire des **indicateurs**,
- le répertoire des **procédures**.

■ Le **lexique** : il se présente de façon classique comme une liste de mots ou d'expressions classés par ordre alphabétique, et exposant la définition conventionnelle de chacun d'eux.

Sont généralement définis :

- les **sigles** utilisés ;
- les termes relatifs à la **technique du tableau de bord** tels que : indicateurs, objectifs, efficacité, efficience...
- les termes utilisés en **gestion** : par exemple, à la rubrique « Ventes mensuelles brutes » (somme des prix au catalogue des articles facturés entre le premier et le dernier jour ouvré du mois avant déduction de toute remise ou ristourne), les avoirs sont imputés sur les mois de facturation concernés, les prix promotionnels sont considérés comme des prix catalogue...
- les **noms des supports** et **outils** utilisés : exemple, « La base CARFA » (la base de données comportant les éléments de calcul des prix de revient sortie usine des articles fabriqués) ;
- les termes du **jargon professionnel** utilisés dans les indicateurs ou la rédaction des procédures ;
- les noms, fonctions et localisation des unités concernées.

■ Le **répertoire des indicateurs**, qui comprend

- la liste des indicateurs classés par unité,
- les fiches de *définition des indicateurs*,
- les fiches de mise en œuvre des indicateurs.

Voir fiche 47, p. 161

■ Le répertoire des procédures : il comporte les informations relatives à :

- La publication des tableaux de bord, et les modes de circulation entre les différents niveaux hiérarchiques :

Nom de l'unité **Rattachement**	
Liste des indicateurs la concernant	
Fréquence de publication	
Émetteur du tableau de bord	
Destinataires	Propriétaire : Nom et fonction Niveaux > N : liste des noms et des fonctions Niveaux < N : liste des noms et des fonctions
Ordre de passage	1 – Directeur de l'exploitation 2 – Chef de service 3 – Chef d'atelier
Support	

- Les modalités de **fixation** et de **révision des objectifs** : à travers une procédure. Par exemple :

> 1 – La direction publie une note d'orientation adressée aux responsables d'objectifs.
> 2 – Une première réunion a lieu entre N et N + 1 pour fixer la nature des objectifs, et permettre à N + 1 :
> - de préciser les orientations,
> - ce qu'elles impliquent pour l'unité dirigée par N,
> - ce qu'il attend de cette unité, et d'indiquer les valeurs qu'il serait souhaitable d'atteindre.
>
> 3 – En concertation avec ses collaborateurs, N peut alors :
> - accepter l'objectif,
> - demander à l'ajuster,
> - ou demander des moyens supplémentaires.
>
> 4 – Une seconde réunion entre N et N + 1 permettra à N de faire ses propositions et à N + 1 d'arbitrer et décider éventuellement après réflexion.
> Des délais et des dates limites sont fixés pour chacune de ces étapes.

- Les ***modalités d'exploitation*** du tableau de bord : par exemple, l'organisation des réunions d'exploitation des tableaux de bord.

Voir fiches 58, p. 203 59, p. 208 60, p. 213

FICHE N°67 – LA MAINTENANCE DU TABLEAU DE BORD

Objet : proposer une organisation qui permette d'adapter le tableau de bord selon l'évolution des besoins

Problématique

Le tableau de bord est conçu à un moment donné de la vie d'une structure. Mais l'environnement, la structure, évoluent, les responsables changent et n'ont pas tous les mêmes critères de décision. Certains objectifs ne sont plus pertinents, des indicateurs deviennent obsolètes, et d'autres doivent être mis en place. Il est donc utile de prévoir la vie du tableau de bord.

Comment organiser l'actualisation du tableau de bord ?

Idées clés

✓ Actualiser le tableau de bord nécessite une attitude de veille.
✓ 3 éléments peuvent être actualisés : les objectifs, les indicateurs, les procédures.
✓ C'est principalement au responsable de déclencher les phases d'actualisation.
✓ Une structure permanente est parfois utile pour veiller à la maintenance du tableau de bord.

■ Un tableau de bord évolue en même temps que le système auquel il se rapporte. Plusieurs éléments peuvent faire l'objet d'actualisation. Citons principalement :

- Les **objectifs** : ce sont eux qui structurent la réflexion du tableau de bord ; il est donc utile de veiller à leur pertinence.
- Les **indicateurs** : puisqu'ils traduisent les domaines d'intérêt du responsable.

- Les **procédures** : pour adapter l'utilisation du tableau de bord aux conditions de fonctionnement réelles de la structure (acteurs, circuits, niveaux de responsabilité...).

■ La *révision des **objectifs*** est indispensable dans les cas suivants :

Voir fiches 25, 66

- Fort écart ponctuel
- Écart récurrent
- Changement quantitatif ou qualitatif des moyens de réalisation (de production), qu'il soit limité dans le temps (absentéisme dû aux épidémies hivernales) ou pérennes (introduction d'un nouveau logiciel)
- Ajustements stratégiques
- Changement du manager « propriétaire »
- Apparition ou disparition de contraintes
- Évolution des produits fabriqués ou des services rendus (nature des produits ou services, évolution quantitative ou qualitative significative)
- Évolution des normes légales ou économiques

■ Les **indicateurs** sont revus dans les situations suivantes :

- L'indicateur n'est pas utilisé.
- Les corrections effectuées à partir de l'indicateur ne conduisent pas au résultat attendu (objectif du niveau N + 1).
- Ajustements stratégiques.
- Changement du manager « propriétaire ».
- Apparition ou disparition de contraintes.

■ Les **procédures** sont révisées lorsque :

- Elles ne sont pas respectées.
- Des améliorations sont suggérées par les utilisateurs.
- Le manager change et impose un style de management nouveau.

■ Les acteurs en charge des actualisations peuvent être :

- En matière **d'objectifs**, les **managers propriétaires** : ils doivent prendre l'initiative de les remettre en question de manière périodique, ou éventuellement à la demande des acteurs concernés. Rappelons que les managers ont la charge de la **veille** sur les objectifs.

- En matière **d'indicateurs** et de **procédures**, deux approches parallèles sont souhaitables :
  - Approche n°1 : la même que pour les objectifs (prise en charge par les managers propriétaires).
  - Approche n°2 : surveillance exercée par un **comité de suivi** du tableau de bord. Celui-ci intervient une fois par an et au moyen d'une enquête par questionnaire ou par entretiens individualisés ou de groupes, pour déterminer s'il y a lieu de conserver, d'abandonner ou d'aménager chacun des indicateurs. Le but de ce comité est plus de susciter une réflexion que de prendre des décisions.

Les questions suivantes constituent un guide de réflexion :

- ✓ Cet indicateur est-il utilisé ? Si non, pourquoi ? Que faudrait-il faire pour qu'il le soit ?
- ✓ Cet indicateur est-il indispensable ? Que se passerait-il si vous ne l'aviez pas ?
- ✓ Quelles décisions avez-vous prises au cours de la dernière année à partir de cet indicateur ?
- ✓ Avez-vous actualisé la valeur de référence au cours de la dernière année ?
- ✓ Pourrait-il être remplacé par un autre indicateur plus utile ? plus significatif ? plus simple à interpréter ? plus facile à obtenir ?
- ✓ Quels indicateurs vous manquent ? Quelles décisions vous permettraient-ils de prendre ? Comment faites-vous en leur absence ? Quelles mesures nécessitent-ils ?

- ■ Dans les grandes structures ou les structures dispersées, il est préférable de constituer des **comités locaux**. Le comité établira un **rapport** avec ses **remarques** et les **suggestions** d'améliorations qu'il aura collectées ou proposées. Ce rapport sera transmis à la direction et aux managers concernés. L'exercice suivant, ces personnes **contrôleront** la mise en œuvre des préconisations.

FICHE N°68 – EXEMPLE D'APPLICATION

Objet : mise en œuvre d'une démarche de tableau de bord

À titre d'illustration, nous proposons une situation de mise en œuvre d'une démarche de tableau de bord.

Le lecteur trouvera :

✓ Un exposé du contexte et de la demande.

✓ Les éléments de formalisation :

- de la mise en œuvre du projet au sein de la structure,
- des orientations stratégiques,
- des objectifs stratégiques et leur déclinaison
- en objectifs opérationnels,
- d'un exemple de fiche indicateur.

LE TABLEAU DE BORD DE LA COMMUNAUTÉ DE COMMUNES DU GRANDTERTRE

Présentation de la collectivité territoriale

La Communauté de communes du Grand Tertre (CCGT) a été créée en 1992. Elle regroupe 15 communes situées entre 20 et 32 km d'une préfecture de l'ouest de la France. Sa population (environ 16 000 habitants) a augmenté de 5 % au cours des 10 dernières années. Elle compte de plus en plus de « rurbains » qui travaillent à la ville voisine. En revanche, le nombre d'agriculteurs en activité diminue, le tourisme stagne et les commerces de proximité ferment dans les plus petits villages. Bien qu'elle ait 10 ans d'existence, la CCGT n'est réellement active que depuis 2 ans sous l'impulsion d'un nouveau président.

Ses domaines de compétences sont les suivants :

- développement économique et touristique,
- action sociale, insertion, habitat social,
- animation culturelle et sportive,
- enlèvement des ordures ménagères,
- environnement,
- approvisionnement en eau potable.

La CCGT a créé et aménagé 5 zones d'activités communautaires.

En 2002, les services de la CCGT se sont installés dans la « Maison des services publics ». Cette nouvelle infrastructure regroupe :

- des bureaux,
- un auditorium,
- deux salles d'exposition,
- un cyber-centre,
- l'école de musique.

La CCGT emploi 45 agents dont 3 cadres A et 5 cadres B. La structure s'est développée rapidement grâce à la forte implication des personnels. Toutefois, l'action repose le plus souvent sur des initiatives isolées et mal coordonnées. Les choix se fondent sur des préférences personnelles et non sur l'analyse des besoins de la population. Ce mode de fonctionnement a généré des cloisonnements entre les secteurs d'activité, ainsi qu'un sentiment généralisé d'indépendance. Il n'y a donc pas de sentiment d'appartenance à une communauté de travail, ni de reconnaissance de l'autorité hiérarchique.

En septembre 2000, le président a mandaté un cabinet de conseil pour instaurer une nouvelle organisation et reprendre la maîtrise de la structure. Les premières actions ont conduit à :

- clarifier les missions de chacun,
- élaborer des fiches d'identité des différentes unités,
- formaliser des fiches de définition de fonction,
- élaborer un nouvel *organigramme*.

Voir annexe 1 jointe

En mars 2001, à la suite d'une réunion du Conseil communautaire, le président a formulé les orientations politiques que la CCGT doit mettre en œuvre.

Le directeur général a rédigé une *lettre d'orientation* validée par le bureau du Conseil communautaire. Les services doivent donc décliner ces orientations dans leurs secteurs respectifs.

Voir annexe 2 jointe

Bien évidemment, le président souhaite pouvoir évaluer la portée des engagements pris à travers un tableau de bord...

Organigramme de la CCGT

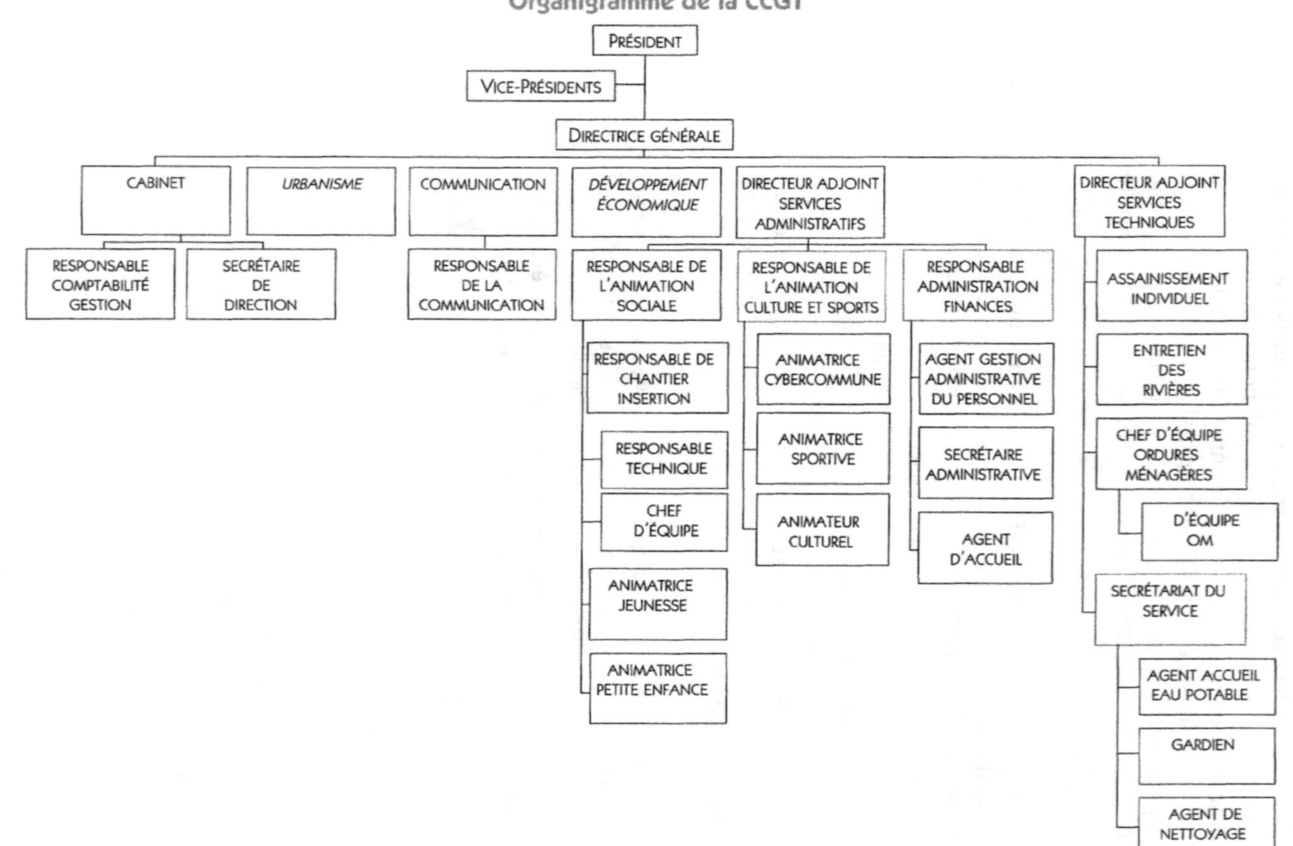

Lettre d'orientation de la Communauté de communes du Grand Tertre

« À la suite de la réunion du Conseil communautaire du 2 février 2002 et de la réunion du Bureau du Conseil communautaire du 19 février 2002, la CCGT devra, à travers l'exercice de toutes ses compétences, mettre en œuvre les orientations suivantes :

Dans le cadre de sa finalité statutaire de « Pourvoir aux besoins des communes et favoriser leur développement », la CCGT se donne pour mission d'éviter le dépeuplement des communes en maintenant l'activité économique, en améliorant le cadre de vie et en apportant à la population les services directs et indirects dont elle a besoin. Dans ce but, la CCGT s'engage à :

1 – Favoriser le développement économique :

- *Favoriser les implantations dans les zones d'activités*
- *Accompagner des projets d'installation*
- *Appliquer la Taxe professionnelle unique et les exonérations fiscales*
- *Encourager l'implantation d'équipements touristiques et hôteliers, par des aides fiscales et des aides au montage des projets*

2 – Définir un schéma d'aménagement du territoire :

- *Définir la vocation des espaces ruraux*
- *Encourager le développement d'une agriculture non polluante*
- *Aménager les chemins et les rivières pour le tourisme*

3 – Assurer l'enlèvement et le traitement des ordures ménagères :

- *Mettre en place le tri sélectif des déchets*

4 – Distribuer l'eau potable :

- *Au prix le plus bas*
- *Assurer la meilleure qualité possible sur la zone*

5 – Apporter une assistance technique aux communes :

- *En matière d'assainissement individuel*

6 – Aider au maintien du dernier commerce dans les petites communes :

- *Racheter et mettre en gérance des commerces qui ferment*

7 – Contribuer à l'insertion des personnes en difficultés :

- *Soutenir les politiques communales de logement social*
- *Organiser des chantiers d'insertion*

8 – Contribuer à l'animation sociale des communes :

- *Organiser un réseau d'assistantes maternelles*
- *Créer un PIJ (point d'information jeunesse)*
- *Soutenir les initiatives des jeunes en matière d'animation*
- *Mettre à portée de la population les NTIC (nouvelles technologies de l'information et des communications)*

9 – Soutenir et organiser l'animation culturelle et sportive :

- *Développer l'activité des associations par un soutien financier*
- *Animer l'école de musique*
- *Organiser des spectacles et des expositions*
- *Organiser le festival « Sport et nature » en lui donnant un rayonnement national*

10 – Améliorer le cadre de vie et inscrire l'action de la CCGT dans le cadre du développement durable. »

NOTE DE CADRAGE DU PROJET « TABLEAU DE BORD DE LA CCGT »

1 – Les besoins

- Piloter la mise en œuvre de la stratégie
- Orienter l'action des services tout en respectant leur aspiration à une large autonomie

2 – Les enjeux

- Atteindre l'objectif de maintien de l'effectif de population sur le territoire : c'est la condition de la conservation du niveau de ressources nécessaire à la satisfaction des besoins de la population
- Asseoir la légitimité de la CCGT : rendre visible l'action de la CCGT auprès de la population
- Renforcer l'image politique des élus à partir des réalisations de la CCGT
- Utiliser les fonds publics conformément aux volontés des élus : cela passe par la maîtrise de l'action de la structure

3 – Les attentes

Le **Président** souhaite disposer besoin d'un outil pour :

- Vérifier la pertinence des choix d'initiatives stratégiques
- Orienter l'action des services de la CCGT

Le **Directeur général des services** (DGS) souhaite :

- De faire appliquer les orientations
- De contrôler l'action des cadres et des agents

- De faire disparaître des dysfonctionnements constatés notamment :
  - L'absence de contrôle des réalisations budgétaires en cours d'année
  - Les rejets et litiges dans les marchés publics

4 – Les impacts organisationnels

Le tableau de bord :

- Enlève aux agents le choix des orientations de leur action mais respecte leur autonomie dans le choix des modalités d'exécution de leurs activités
- Instaure une obligation de rendre compte des résultats de leur action et plus seulement de la nature de leurs activités
- Limite la capacité d'intervention des élus et du DGS dans l'action quotidienne des agents

5 – Les objectifs stratégiques

- Maintenir le nombre d'habitants sur 5 ans
- Accroître de 10 % en 3 ans le nombre d'emplois sur le territoire communautaire
- Maintenir le niveau des entrées fiscales

6 – Les délais de mise en œuvre

Le tableau de bord doit être en service le 1er octobre 2002

7 – Le chef de projet

Le choix s'est porté sur le directeur adjoint des services administratifs

8 – Le comité de pilotage

Le président
Le vice-président aux finances
Le vice-président aux affaires sociales
Le vice-président à l'environnement
Le DGS

9 – La démarche

- Les **objectifs stratégiques** sont définis par le comité de pilotage
- Les **objectifs opérationnels** seront définis par les responsables des services impliqués après consultation de leurs agents et validés par le comité de pilotage
- Les **procédures d'exploitation** du tableau de bord seront définies par un groupe de travail composé de :
  - Le DGS
  - Les deux DA
  - Les responsables des secteurs :
    - ✓ Animation sociale
    - ✓ Animation culturelle et sportive
    - ✓ Enlèvement des ordures ménagères

Les propositions de ce groupe seront validées par le comité de pilotage.

- Le chef de projet est chargé de :
  - Convoquer et animer les réunions
  - Centraliser les résultats des groupes de travail sur les indicateurs opérationnels
  - Mettre en forme les indicateurs, les procédures, le guide d'utilisation
  - Organiser les travaux :
    - ✓ Veiller au respect des délais
    - ✓ Présenter les résultats au comité de pilotage
    - ✓ Répercuter auprès des autres acteurs les décisions du comité de pilotage

Planning du projet de tableau de bord

Objet	Responsable	Date limite
Cadrer le projet	Chef de projet	30/09/2001
Valider les orientations du projet	Comité pilotage	15/10/2001
Rédiger un cahier des charges de formation à la conception des indicateurs	Chef de projet	30/10/2001
Choisir un prestataire extérieur pour la formation et passer commande	Chef de projet	31/01/2001
Concevoir les indicateurs stratégiques	Comité pilotage	01/03/2002
Former les responsables d'unités à la conception des indicateurs	Prestataire extérieur	01/03/2002
Réaliser les entretiens de concertation avec les responsables d'unité pour repérer les paramètres importants	Chef de projet Responsables d'unités	10/04/2002
Préparer un rapport au comité de pilotage	Chef de projet	20/04/2002
Choisir les priorités de contrôle	Comité pilotage	25/04/2002
Organiser les réunions d'unités pour le choix des objectifs opérationnels	Chef de projet Responsables d'unités	30/04/2002
Concevoir les indicateurs	Chef de projet Responsables d'unités	30/06/2002
Rédiger le rapport pour le comité de pilotage	Chef de projet	20/07/2002
Valider les indicateurs	Comité pilotage	25/07/2002
Élaborer les procédures d'exploitation	Groupe de travail	31/07/2002
Rédiger le guide d'utilisation	Chef de projet	10/09/2002
Valider par le comité de pilotage	Comité pilotage	15/09/2002
Tenir la réunion d'information du personnel	Chef de projet	30/09/2002
Tenir la réunion de lancement opérationnel du tableau de bord	Cadres et responsables d'unités	30/09/2002
Prendre en charge la période d'assistance aux responsables	Chef de projet Responsables	31/12/2002
Rédiger le rapport au comité de pilotage	Chef de projet	15/01/2003
Constituer le comité de suivi et maintenance	Chef de projet	30/01/2003
Tenir la réunion de conclusion de clôture du projet et de mise en place du comité de suivi	Comité pilotage	15/02/2003

Déclinaison des orientations stratégiques

Initiative stratégique	Résultats attendus des initiatives stratégiques	Service attributaire	Missions/Activités
Favoriser les implantations dans les zones d'activités	Créer des emplois Maintenir l'activité économique	Développement économique	Rechercher des entreprises
Accompagner des projets d'installation			Les aider à s'installer
Taxe professionnelle unique et exonérations fiscales			
Encourager par des aides fiscales et des aides au montage de projets l'implantation d'équipements touristiques et hôteliers			
Définir la vocation des espaces ruraux	Réduire les pollutions agricoles	Service technique/ eau potable	
Encourager à une agriculture non polluante	Réduire les pollutions agricoles	Service technique/ assainissement non collectif	Conseil sur les techniques d'exploitation des sols et les intrants
Aménager les chemins et les rivières pour le tourisme	Remettre en état les berges et les chemins pour permettre la promenade à pied et à vélo en toute sécurité Prévenir l'effondrement des berges	Service technique/ entretien des chemins et des rivières	Réparation des berges Débroussaillage Nivellement Balisage Inventaire des berges et chemins Élaboration d'un plan d'intervention avant le 31.12.2003
Assurer l'enlèvement et le traitement des ordures ménagères	Garantir la propreté des voies et l'hygiène du territoire	Service technique/ ordures ménagères	Assurer un enlèvement régulier. Répondre aux demandes d'enlèvement des déchets volumineux
Mettre en place le tri sélectif des déchets	Limiter la pollution due au traitement des déchets	Service technique/ ordures ménagères	Tri des déchets verts en place le 12/2002 Tri des autres déchets en place le 6/2004

Déclinaison des orientations stratégiques *(suite)*

Initiative stratégique	Résultats attendus des initiatives stratégiques	Service attributaire	Missions/Activités
Distribuer l'eau potable au prix le plus bas	Maintenir un prix de l'eau raisonnable au regard des ressources des habitants	Service technique/ eau potable	Négocier le marché d'approvisionnement
Distribuer l'eau potable de la meilleure qualité possible sur la zone	Améliorer à terme la qualité de l'eau potable	Service technique/ eau potable	Acheter et aménager les terrains autour des captages
Apporter une assistance technique aux communes en matière d'assainissement individuel	Éviter les pollutions des nappes phréatiques et des captages	Service technique/ assainissement non collectif	Faire les contrôles des terrains sur place et indiquer les solutions à mettre en œuvre
Racheter et mettre en gérance des commerces qui ferment	Maintenir un service minimal de proximité, l'animation qu'il entraîne et préserver l'activité économique	Développement économique	Achat des fonds, aménagement des locaux et mise en gérance
Soutenir les politiques communales de logement social	Lutter contre les effets de la pauvreté liée aux évolutions économiques en cours	Développement économique	Évaluer les besoins des communes en matière de subventions à la création de logements sociaux Mettre en place des critères de financement
Organiser des chantiers d'insertion	Réinsérer les personnes en grande difficulté et leur permettre de vivre sur le territoire	Animation sociale/ chantiers d'insertion	Préparer les personnes à se réadapter au travail
Organiser un réseau d'assistantes maternelles	Offrir aux familles la possibilité de faire garder leurs enfants pendant leurs heures de travail ou leurs déplacements leur permettant ainsi de vivre sur le territoire	Animation sociale/ réseau d'assistantes maternelles (AM)	Recruter des AM Tenir à jour le fichier des AM Faire connaître son existence aux familles Le diffuser sur demande

Déclinaison des orientations stratégiques (*fin*)

Initiative stratégique	Résultats attendus des initiatives stratégiques	Service attributaire	Missions/Activités
Animer un PIJ (point d'information jeunesse)	Aider les jeunes à trouver des solutions en matière de droits, de projets d'études ou professionnels, d'aide sociale	Animation sociale/ animation jeunesse	Créer le PIJ Animer le PIJ
Soutenir les initiatives des jeunes en matière d'animation	Aider les jeunes à élaborer des projets de tous ordres pour les attacher au territoire et les centrer sur une activité positive	Animation sociale/ animation jeunesse	Susciter des initiatives Soutenir financièrement les initiatives
Mettre les NTIC à portée de la population	Faire connaître l'existence et les possibilités offertes par les NTIC, permettre l'accès des plus défavorisés à l'Internet et à la bureautique	Animation sociale/ animation cybercommune	Mettre en place et animer la salle d'informatique de la Maison des services publics Mettre un animateur à disposition 4 fois par semaine
Développer l'activité des associations par un soutien financier	Animer les communes et la Maison des services publics	Animation culturelle et sportive	Accorder des subventions aux associations sportives et culturelles
Animer de l'école de musique	Permettre la pratique et le perfectionnement à la musique, et plus particulièrement à la musique traditionnelle	Animation culturelle et sportive	Organiser les activités de l'école de musique
Organiser des spectacles et des expositions	Stimuler l'activité associative pour animer les communes et la maison des services publics	Animation culturelle et sportive	Organiser des manifestations Partenariat avec les associations du territoire
Organiser le festival Sport et nature en lui donnant un rayonnement national	Avoir une grande manifestation pour promouvoir le tourisme vert	Animation culturelle et sportive	Organiser le Partenariat avec les associations du territoire Publicité dans la presse
Améliorer le cadre de vie et inscrire l'action de la CCGT dans le cadre du développement durable	Être moteur dans la région, qui subit de graves problèmes d'environnement liés à un élevage intensif des porcs et des poulets	Directeur général des services	Mettre en place un plan dans l'esprit "Agenda 21 "
Améliorer les passations de marchés publics	Se mettre en conformité avec la loi Améliorer l'image de la CCGT auprès des services préfectoraux	Directeur adjoint / services administratifs	Former les agents Mettre en place des procédures de passation et de vérification
Suivre le budget opération par opération	Opérationnel au 30.6.2002	Directeur adjoint / services administratifs	Établir un état mensuel de la réalisation des budgets

Objectif stratégique choisi par le comité de pilotage (extrait)

Orientation stratégique	Objectif correspondant
– Maintenir l'effectif de la population – Maintenir le niveau de ressources de la CCGT et des communes afin d'avoir les moyens d'apporter à la population les services dont elle a besoin	« Maintenir le nombre de personnes domiciliées (au sens juridique du terme) dans les communes du territoire de la CCGT, au niveau minimal de 16 000 personnes à fin 2005 » Un suivi de cet objectif doit être réalisé chaque fin d'année (arrêté à la date du 31.12 de chaque année) *Limites/Contraintes :* L'effectif de la population ne pourra être connu qu'à la suite d'un recensement en 2004. Les mesures intermédiaires n'indiqueront que des tendances estimées à partir des variations des : – Effectifs des électeurs inscrits – Effectifs des enfants scolarisés – Des bénéficiaires de prestations sociales L'incertitude est élevée et une variation inférieure à + ou - 5% ne sera pas considérée comme significative.

Déclinaison des objectifs stratégiques en objectifs opérationnels

Les items précédés d'un astérisque (*) sont reportés dans un plan d'action dont la réalisation est suivie par le DGS. Certains d'entre eux sont des objectifs de projets, conduits par les responsables de l'unité impliquée.

Initiative stratégique	Propriétaire	Objectifs opérationnels retenus
Favoriser les implantations dans les zones d'activités	Développement économique	Doubler en 3 ans le nombre d'emplois dans les entreprises installées sur les zones d'activité communautaires.
Accompagner les projets d'installation		
Appliquer la Taxe professionnelle unique et les exonérations fiscales		
Encourager par des aides fiscales et des aides au montage des projets l'implantation d'équipements touristiques et hôteliers		
Racheter et mettre en gérance des commerces qui ferment		Aucun village sans au moins 1 commerce ou 1 commerce par 500 habitants.
Soutenir les politiques communales de logement social		**Établir un plan triennal d'ici le 31.12.2003.* **Déterminer et faire approuver ces critères par le conseil communautaire avant le 31.12.2002*
Définir la vocation des espaces ruraux	Service technique/ prestataire externe	**Zonage terminé le 31.12.2003*
Encourager une agriculture non polluante	Service technique/ assainissement non collectif	**Embaucher un agent compétent au 30.6.2004*
Apporter une assistance technique aux communes en matière d'assainissement individuel		Contrôler et trouver les solutions pour 100 % des déversements en fosse septique
Aménager les chemins et les rivières pour le tourisme	Service technique/entretien des chemins et des rivières	Répondre à 100 % des demandes d'autorisation d'aménagement de berge des propriétaires en moins de 1 mois **Avoir élaboré un plan triennal au 31.12.2003*
Assurer l'enlèvement et le traitement des ordures ménagères	Service technique/ ordures ménagères	Zéro réclamation d'usagers à partir du mois de septembre 2003.
Mettre en place le tri sélectif des déchets		**En place le 12/2002 pour les déchets verts* **En place le 6/2004 pour les autres déchets ménagers*

Déclinaison des objectifs stratégiques en objectifs opérationnels *(suite et fin)*

Initiative stratégique	Propriétaire	Objectifs opérationnels retenus
Distribuer l'eau potable au prix le plus bas	Service technique/ eau potable	*Maintenir un prix inférieur à 2€/m3 jusqu'en 2006*
Distribuer l'eau potable de la meilleure qualité possible sur la zone		Avoir protégé 100 % des captages en 12/2004 Respecter les normes européennes
Organiser des chantiers d'insertion	Animation sociale/ chantiers d'insertion	Obtenir 40 % de réinsertions confirmées 2 ans après la sortie du chantier
Organiser un réseau d'assistantes maternelles	Animation sociale/ réseau assistantes maternelles	
Animer un PIJ (point d'information jeunesse)	Animation sociale/ animation jeunesse	** PIJ Opérationnel au 30.6.2002* Tous les ans, aider au moins 10 initiatives impliquant 50 jeunes au total
Soutenir les initiatives des jeunes en matière d'animation		
Mettre les NTIC à portée de la population		
Développer l'activité des associations par un soutien financier	Animation culturelle et sportive	Distribuer une enveloppe de 30 000€ sans dépasser 30€ par adhérent.
Animer l'école de musique		Accepter toutes les inscriptions
Organiser des spectacles et des expositions		Organiser 4 manifestations par an Répondre à toutes les demandes de mise à disposition gratuite de l'auditorium
Organiser le festival Sport et nature en lui donnant un rayonnement national		Attirer au moins 5000 personnes à l'édition 2003
Améliorer le cadre de vie et inscrire l'action de la CCGT dans le cadre du développement durable	Directeur général des services	**Pour le 30.6.2003*
Améliorer les passations de marchés publics	Directeur adjoint / services administratifs	Zéro rejet en préfecture à compter du 1.9.2002
Suivre le budget opération par opération		**À partir du 30.6.2002*

Fiche de définition d'indicateur (extrait)

Établissement : CCGT **Unité :** AS/AJ	**N° d'indicateur : OP-AS03**
Propriétaire : Le responsable de l'ACS	
Destinataires : L'animateur culturel. Le DA chargé des SA	
Nom de l'indicateur : Nombre de jeunes impliqués dans les initiatives aidées.	
Nom abrégé : Jeunes en projet	
Objectif opérationnel : 50 par ans	
Base de calcul : Base1 : nombre cumulé depuis le premier janvier de l'année en cours de jeunes ayant eu une participation active dans la réalisation des projets aidés même s'ils n'en sont pas les initiateurs.	
Formule de calcul : -	
Unité : nombre de personnes	
Tolérance par rapport à l'objectif : -5	
Périodicité : trimestrielle	
Date de mise à disposition : le 2 du premier mois de chaque trimestre pour le trimestre précédent.	
Responsable de l'élaboration : l'animateur Action Jeunesse	**Émetteur :** l'animateur Action Jeunesse
Reporting	
Mode : direct dans le tableau de bord du DA AS	**Destinataire des reports :** le DA AS
PRÉSENTATION	

Action Sociale		**Service Action Jeunesse**	**Suivi des Jeunes en projet**
Période : **4 T 2002**		**Objectif :** 50 personnes **/Réalisé :** 38 personnes **ÉCART :** -12 personnes (tolérance : -5)	

Jeunes en projet
60
50
40
30
20
10
0
1 2 3 4
Trimestre
OBJECTIF
RÉALISÉ

Commentaires :
– Aucune réalisations au cours du 3e trimestre en lien avec les vacances.
– Augmenter en conséauence les objectifs des autres trimestres (objectif de rattrapage)

Résultat attendu par l'atteinte de l'objectif et le suivi de l'indicateur :
– Créer un lien entre les jeunes et le CCGV pour créer le sentiment d'appartenance à la collectivité des citoyens.
– Animer la commune.
– Attacher les jeunes au territoire.
Cet indicateur est rerprésentatif de la capacité du service animation jeunesse à prendre contact avec les jeunes afin de faire émerger des projets et de mobiliser les jeunes pour les réaliser.

Source d'information :	*Le décompte opéré par le DGSA qui traite les dossiers de demande d'aide. Ces dossiers comportent le nombre de jeunes qui prennent un rôle actif et défini dans les projets.*
Fréquence des mesures :	trimestrielle

Précisions concernant le vocabulaire :
Un jeune est toute personne de moins de 25ans.
Les projets aidés sont ceux qui sont subventionnés ou bénéficient d'une attribution de moyens par la CCGT ou une commune de la CCGT et pour lesquels il a été fait appel au service animation jeunesse.
Les jeunes qui prennent un rôle actif sont ceux qui initient, organisent, animent une activité. Les spectateurs ou les simples bénéficiaires d'une activité n'en font pas partie.

Bibliographie
Glossaire

G. BALANTZIAN, « *Les Schémas directeurs stratégiques* » –Masson, 1992.

B. BARJOU, « *Manager par projet* » – ESF Editeur 1999

J. BERNARD-BOUISSIÈRES, « *Aide à l'élaboration du cahier des charges fonctionnel* » – AFNOR Pratique 2000

L. BELLENGER, « *Stratégies et tactiques de négociation* » – ESF Edition 1994

L. BELLENGER, M.-J. COUCHAERE, « *Animer et gérer un projet* » – ESF Éditeur, 1999.

D. BERIOT, « *Du microscope au macroscope : l'approche systémique de l'entreprise* » – ESF Éditeur, 1992.

L. BERRAH, « *L'indicateur de performance* » – Cépadues Édition, 2002.

Y. BERTRAND, P. GUILLEMET, « *Une approche systémique* » Chotard Éditeur, 1989.

D. BOIX, « *Le Tableau de bord* » – Mémento Éditions d'Organisation, 1998.

F. BONEU, F. FETTU, L. MARMONIER, « *Piloter le changement managérial* » – Éditions Liaisons, 1992.

B. BOUCHON-MEUNIER, « *La Logique floue* » – PUF, Que Sais-je ?, 1993.

A.-M. CHAUVEL, « *Méthode et outils pour résoudre un problème* » Dunod, 2002.

P. DUFOURMENTELLE, « *Prendre une décision* » – Chotard Éditeurs, 1991.

D. GENELOT, « *Manager dans la complexité* » – Insep Éditions, 1992.

V. GIARD, « *Gestion de projets* » – Éditions Économica, 1991.

B. GROUARD, F. MESTON, « *L'entreprise en mouvement* » Dunod, 1998.

E. HARLE, J.-D. JOUANNEAULT, « *L'entreprise en tant que système* » – Presses Universitaires de Lyon, 1983.

G. HERNIAUX, « *Organiser la conduite de projet* » Insep Éditions, 1992.

G. HERNIAUX, « *Commanditer un projet* » Insep Consulting, 2001.

R. KAPLAN, D. NORTON, « *Le Tableau de bord prospectif – Pilotage stratégique : les 4 axes du succès* » – Éditions d'Organisation, 1998.

P. LEMAITRE, H. P. MADERS, « *Améliorer l'organisation administrative* » – Éditions d'Organisation, 1989.

P. LEMAITRE, H. P. MADERS, « *L'efficacité du tertiaire par l'analyse de la valeur des processus* » – Éditions d'Organisation, 1991.

M. LEROY, « *Le Tableau de bord au service de l'entreprise* » – Éditions d'Organisation, 2001.

M. LE SAGET, « *Le Manager intuitif* » Dunod, 1992.

D. LLORENS, « *P.M.E. : tableaux de bord* » – Le monde de l'entreprise, 1993.

H. P. MADERS, D. BOIX, « *L'organisation de l'unité de travail* » – Mémentos Éditions d'Organisation, 1992.

H. P. MADERS, E. GAUTHIER, C. LE GALLAIS, « *Conduire un projet d'organisation* » – Éditions d'Organisation, 1998.

H. MARCHAT, « *Kit de conduite de projet* » – Éditions d'Organisation, 2001.

J. MELESE, « *L'analyse modulaire des systèmes* » – Éditions Hommes et Techniques, 1972.

J. MELESE, « *Approches systémiques des organisations* » – Éditions Hommes et Techniques, 1979.

C. MENDOZA, M.-H. DELMOND, F. GIRAUD, H. LÖNING, « *Tableaux de bord pour managers* » – Guide de gestion RF, 1999.

H. MINTZBERG, « *Structure et dynamique des organisations* » – Éditions d'Organisation, 1978.

R. MUCCHIELLI, « *La Conduite des réunions* » – ESF Éditeur, 1996.

J.-M. REYNAUD, I. BERNADAS, « *Piloter les services publics locaux* » – Éditions CNFPT, 1998.

J.-Y. SAULOU, « *Le Tableau de bord du décideur* » – Éditions d'Organisation, 1982.

C. SELMER, « *Concevoir le tableau de bord* » – Dunod, 1998.

J.-P. TAÏEB, « *Les Tableaux de bord de la gestion sociale* » – Dunod, 2001.

P. VOYER, « *Tableaux de bord de gestion et indicateurs de performance* » – Presses de l'Université du Québec, 2000.

B. WALLISER, « *Systèmes et modèles* » – Éditions du Seuil, 1977.

GLOSSAIRE

Aléa Événement imprévisible.

Modèle mathématique permettant de calculer la probabilité que survienne un événement imprévisible.

Analyse systémique Ensemble de principes méthodologiques permettant d'appréhender les systèmes, leurs structures, leurs comportements, leurs modes de régulation, leurs modes d'échange avec l'environnement.

Attente Désir qu'une personne peut ou non exprimer. Elle permet à la personne d'atteindre un état particulier (diminuer une peur, par exemple, ou être satisfait).

Besoin Nécessité éprouvée par un utilisateur ; il convient de toujours s'assurer que les fonctions du tableau de bord correspondent aux besoins d'un utilisateur.

Cadrage Étape d'un projet à l'issue de laquelle sont définies les composantes pour mener à bien le projet : but(s) du projet, méthode employée, structures, mode de communication, travaux à réaliser, moyens nécessaires et délais impartis.

Comité de pilotage Ensemble de personnes chargées de la fonction décisionnelle du projet. Parmi ses rôles, il porte un regard critique sur ce qui a été fait, dans le but de valider les travaux et les options ; il prend les décisions nécessaires en cas de la survenance d'un aléa qui peut remettre en cause le projet, les budgets, les délais, ce qui sera réalisé.

Comité stratégique Ensemble de personnes chargées de choisir les projets qui seront réalisés. Rappelons que tout projet doit s'inscrire dans la stratégie de l'entreprise.

Décideur Personne qui a légitimité pour faire des choix, et autorité pour les faire mettre en œuvre.

Écart Différence entre deux valeurs : la valeur réellement prise par un indicateur et la valeur cible dans le cas du tableau de bord. Tout écart supérieur à la tolérance donne lieu à une action corrective.

Enjeux Ce que l'on peut gagner ou perdre dans un projet. Ils ont trait à différents domaines : technologiques, sociaux, réglementaires, commerciaux, financiers, politiques…

Finalité Ce pour quoi un système existe. Toute finalité est la traduction d'une intention.

Fonction Ce à quoi sert une chose, un tableau de bord. Rôle du tableau de bord dans l'entreprise ou l'institution, services rendus par le tableau de bord. Réponse à un besoin.

Frein Phénomène, état de fait, comportement, qui s'oppose à la réalisation d'un projet ou gêne l'avancement du projet (par opposition au moteur).

Impacts Conséquences de la réalisation d'un projet sur son environnement, les impacts peuvent être liés au produit du projet, à la réalisation du projet, voire à son existence même.

Indicateur Paramètre ou combinaison de paramètres choisis comme représentatifs de l'état d'un module, d'un flux ou du déroulement d'un phénomène.

Méthode Suite raisonnée et ordonnée d'opérations permettant d'atteindre un but défini à l'avance.

Mission Charge donnée à quelqu'un d'accomplir quelque chose.

Module Un module est une entité choisie comme élément d'un système. Selon les besoins de l'analyse, on choisit un découpage plus ou moins fin.

Moteur Phénomène, état de fait, comportement susceptible de favoriser la réalisation d'un projet (par opposition au frein).

Norme Valeur que doit obligatoirement prendre une grandeur donnée. Elle est fixée par une entité qui fait autorité sur celle qui doit la réaliser. Une norme peut provenir d'un choix interne à l'entreprise ou être imposée par la loi.

Référence qui doit statistiquement être respectée dans les conditions courantes de fonctionnement d'un système.

Objectif But à atteindre à une date donnée et exprimé sous forme d'une grandeur mesurable.

Paramètres Grandeurs variables dont l'ensemble caractérise un flux ou l'état d'un module ou d'un système.

Performance Mesure de ce qui est produit.

Pilotage Ensemble des choix et des décisions qui permettent à une unité d'atteindre ses objectifs.

Processus Selon D. Noyé : « Conjonction d'activités réalisées par des acteurs avec des moyens et selon des règles en vue de l'obtention d'un résultat. » Le terme de « conjonction » est utilisé pour signifier qu'il ne s'agit pas forcément d'un enchaînement linéaire d'opérations.

Projet Vision de l'avenir que l'on veut concrétiser.

Selon l'AFNOR : « Démarche spécifique qui permet de structurer progressivement et méthodiquement une réalité à venir. »

Risque Événement incertain ouvrant la possibilité qu'un projet ne s'exécute pas conformément aux éléments de son cadrage.

Stratégie Ensemble d'actions coordonnées en vue d'une victoire.

Ensemble d'objectifs opérationnels choisis pour mettre en œuvre une politique.

Ensemble d'hypothèses sur l'existence de relations de cause à effet entre des actions et un résultat.

Structure La structure décrit les éléments d'un système et les relations qui existent entre eux, notamment leurs échanges, les réponses à ces échanges, et les mécanismes de régulation interne.

Système Ensemble d'éléments en interaction et doté de mécanismes de régulation interne qui lui permettent de s'adapter aux variations de son environnement.

Systémique Théorie qui décrit les propriétés communes aux systèmes de toutes natures.

Tolérance Plus grand écart admis ou considéré comme non significatif.

Unité Sous-ensemble d'une entreprise ou d'une institution définie comme un ensemble d'éléments organisés pour concourir à l'accomplissement de missions communes et pilotés par la même entité (ou personne).

Unité de mesure Grandeur finie servant de base de comparaison pour les grandeurs de même espèce.

www.ingramcontent.com/pod-product-compliance
Lightning Source LLC
Chambersburg PA
CBHW052108230326
41599CB00054B/4326